中外名人传记

史家绝唱

司马迁

黄萍 —————— 主编

U0837500

巴蜀书社

图书在版编目（CIP）数据

史家绝唱——司马迁 / 黄萍主编 . —成都：巴蜀书社，2018.9

（中外名人传记）

ISBN 978-7-5531-1044-8

Ⅰ.①史… Ⅱ.①黄… Ⅲ.①司马迁（约前 145 或前 135-？）—传记 Ⅳ.①K825.81

中国版本图书馆 CIP 数据核字（2018）第 208418 号

史家绝唱——司马迁 黄萍主编

策划编辑 施　维
责任编辑 张照华
出　　版 巴蜀书社
成都市槐树街 2 号　邮编 610031
总编室电话：(028)86259397
网　　址 www.bsbook.com
发　　行 巴蜀书社
发行科电话：(028)86259422　86259423
经　　销 新华书店
内文排版 泽雨
印　　刷 四川省南方印务有限公司
版　　次 2018 年 10 月第 1 版
印　　次 2019 年 7 月第 2 次印刷
成品尺寸 152mm × 215mm
印　　张 13.25
字　　数 265 千
书　　号 ISBN 978-7-5531-1044-8
定　　价 33.00 元

前　言

司马迁（前 145—前 86），字子长，我国西汉伟大的史学家、文学家，所著《史记》是中国第一部纪传体通史，也是一部举世闻名的史学巨著，为后世留下了宝贵的历史资料和史实依据，鲁迅称之为“史家之绝唱，无韵之离骚”。

司马迁是西汉夏阳龙门人。夏阳，今陕西韩城，靠近龙门，所以司马迁自称“迁生龙门”（太史公自序）。龙门很有名气，传说大禹曾在龙门开山治水。龙门山的南面是黄河，司马迁的家正好在黄河与龙门山之间，当地名胜古迹很多。司马迁从小在饱览山河名胜的同时，也有机会听到许多历史传说和故事。

司马迁生卒年代，史无明文记载。近人王国维《太史公行年考》认为司马迁生于汉景帝中元五年（前 145），大约卒于汉昭帝始元元年（前 86），享年六十岁左右。司马迁出生于一个史官之家，据说司马迁家自唐虞至周代，都是世代相传的历史学家和天文家。司马错是秦惠王时伐蜀的名将，司马昌是秦始皇的铁官，到了司马迁的父亲司马谈，做了汉武帝的太史令，这才又恢复了祖传的史官恒业。

司马迁的少年时代“耕牧河山之阳”，在龙门的乡间过着日出而作、日落而息的农耕生活。司马迁在这“山环水带，嵌镶蜿蜒”的自然环境里成长，既为山川的清淑之气所陶冶，又对民间生活有一定的体验。

十岁，司马迁随父亲至京师长安，拜入老博士伏生、儒学大师孔安国门下学习；家学渊源既深，复从名师受业，启发诱导，获益匪浅。这个时期，汉王朝国势日强，经济繁荣，文化兴盛，张骞奉命出使西域，卫青、霍去病大破匈奴，汉武帝设立乐府……这样的时代极大地丰富了司马迁在京城的见闻。

大约二十岁，司马迁开始外出游历——“南游江淮，上会稽，探禹穴，窥九疑，浮于沅、湘，北涉汶、泗，讲业齐、鲁之都，观孔子之遗风，乡射邹、峄，厄困鄱、薛、彭城，过梁楚以归。”回到长安以后，他做了皇帝的近侍郎中，随汉武帝到过平凉、崆峒，又奉使巴蜀，到的最南边是昆明。

元封元年（前 110），汉武帝举行大规模的巡行封禅，步骑十八万，旌旗千余里，浩浩荡荡。司马迁的父亲司马谈是史官，本应从行，却病死在洛阳。司马迁继承了父亲的遗志，赶到泰山参加封禅，随后沿着东海，绕道长城塞外，回到长安。

元封三年（前 108），司马迁三十八岁时，正式做了太史令，有机会阅览汉朝宫廷所藏的一切图书、档案以及各种史料。他一边整理史料，一边参加改历。等到太初元年（前 104）我国第一部历书《太初历》完成，他就开始着手编写《史记》。

天汉二年（前 99），汉将李陵出塞攻打匈奴，战败被俘，司马迁替李陵说了几句开脱的话，不想触怒了汉武帝，被投下监狱。第二年，汉武帝杀了李陵全家，处司马迁以宫刑。宫刑是个大辱，污及先人。司马迁在狱中，又备受凌辱，“交手足，受木索，暴肌肤，受榜箠，幽于圜墙之中，当此之时，见狱吏则头抢地，视徒隶则心惕息”，几乎断送了性命。他本想一死了之，但想到自己撰写《史记》的夙愿未了，因此忍辱负重，苟且偷生，在狱中坚持写作。

太始元年（前 96），汉武帝改元，大赦天下，司马迁也得到赦免。这时司马迁已经五十岁了，出狱后当了中书令，这使他能够专心致志完成《史记》，直到征和二年（前 91）全书完成，共一百三十篇、五十二万余言，成为流传百世的史学经典著作。

目　录

第一篇　龙门名族司马氏

人固有一死，或重于泰山，或轻于鸿毛。

——司马迁

出生地龙门

汉高祖刘邦

公元前145年，大约二千年以前，古代中国止孕育着一个震撼性的时代。

这一年，以刘邦为首的淮泗集团所创建的大汉帝国，已经度过了它的六十岁生日。这个由一介草莽英雄所建立的大汉帝国，一方面是时势所趋，另一方面是自身能力不足，六十年来一直以黄老之术为最高的治国指导原则。这种不干涉主义使战国时代不少余风在社会中复活了。分封在各地的王族诸侯，纷纷吸收一些游侠人物，养士自重，对中央政权形成了严重的威胁，最后终于爆发了“七国之乱”。

这一年，“七国之乱”已平定了九年，再过五年，文景之治就要结束。这个治世，为汉帝国积蓄了强大的国力，同时在它结束以前，把黄老之术引发的副作用也加以割除了，使汉帝国真正成为中央集权的大一统国家。这个庞大的帝国在等着一位雄才大略的少年皇帝来挥霍这笔可观的财产，这个皇帝就是汉武帝刘彻，这一年，他还只是个十二三岁的少年太子。

背景知识

文景之治

西汉文帝、景帝两代四十年左右的时间，政治稳定，经济生产得到显著发展，历来被视为封建社会的“盛世”，史称“文景之治”。

汉文帝十分重视农业生产，他即位后，多次下诏劝课农桑，按户口比例设置三老、孝悌、力田若干员，经常给予他们赏赐，以鼓励农民发展生产。同时还注意减轻人民负担，文帝二年（前178）和十二年（前168），曾两次“除田租税之半”，即租率减为“三十税一”，文帝十三年（前167）还全部免去田租。自此，“三十税一”遂成为汉代定制。文帝时，算赋也由每人每年一百二十钱减至四十钱，徭役则减至每三年服役一次。

景帝二年（前155），又把秦时十七岁给公家服徭役的傅籍制度（又称名籍，凡适龄男子必须登记在册，为朝廷服徭役）改为二十岁始傅，而著于汉律的傅籍年龄则为二十三岁。文帝还下诏“弛山泽之禁”，即开放原来归国家所有的山林川泽，从而促进了农民的副业和与国计民生有重大关系的盐铁生产事业的发展。文帝十二年（前168），又废除了过关用传制度，这有利于商品流通和各地区间的经济联系，对于农业生产的发展也有一定的促进作用。

文景两代对周边少数民族也不轻易动兵，尽力维持相安的关系。吕后时，南越王赵佗自立为帝，役属闽越、西瓯、骆，又乘黄屋左纛，与汉王朝分庭抗礼。文帝即位后，为赵佗修葺祖坟，尊宠赵氏昆弟，并派陆贾再度出使南越，赐书赵佗，于是赵佗去黄屋左纛，归附汉王朝。文帝后元二年（前162），又与匈奴定和亲之约。此后匈奴虽背约屡犯边境，但文帝只是诏令边郡严加守备，并不兴兵出击，以免烦扰百姓。

文景之治之所以成为封建社会的盛世，与文帝个人励精图治是分不开的。他即位不久，就废止“诽谤妖言”之罪，使臣下能大胆地提出不同的意见。文帝自己也相当节俭，在位二十三年，宫室苑囿、车骑服御之物都没有增添。因为文帝提倡俭约，所以当时国家的财政开支有所节制和缩减，贵族官僚也不

龙门风景图

敢滥事搜括、奢侈无度，从而减轻了人民的负担，这是“休养生息”政策的重要内容之一。

文景两代采取了上述一系列措施的结果，使当时社会经济获得显著的发展，封建统治秩序也日臻巩固。

但是，文景时期的“与民休息”政策的目的是为了稳定和加强对农民的控制，进一步巩固封建统治，一些看来对农民有利的措施，实则对地主、商人更为有利；同时，文帝为求得政治上的安定，对同姓诸侯王的权势虽曾有所限制，但未能采取果断措施消除其动乱隐患。景帝三年（前154），吴楚七国合谋叛乱，与此当有一定的关系。

这一年，一位东方帝国盛世的见证人司马迁，就降生在长安东北方的龙门（今陕西省韩城市附近）。他的一生，耳闻目睹了整个汉武帝时代的盛况，巡礼了春秋战国甚至黄帝以来的古圣遗迹。在那个承先启后而富于开创性的时代，他将汉以前的历史作了一番总的整理，把当代史实进行了详尽的叙述，并以他当时的世界性眼光，旁及亚洲邻国，完成了一部震古烁今的史学巨著——《史记》。

一部《史记》除展示了司马迁个人的才华、见识以外，它还包含了西汉文化的浪漫色彩，但也隐含着这部巨著背后的辛酸。前面，已经大概指出司马迁步上历史舞台的时间、地理位置，这告诉了人们那将是一个伟大时代，它会造就一个人作为大国臣民的宽阔胸怀和远大志向。但由于汉朝皇帝祖传的猜忌、刻薄，注定了那个大时代的大天才要面对大的危机。

司马迁出生在龙门。滚滚黄河从青藏高原流到陇西高原，然后转向东北绕了个弯儿，形成奇妙的河套以后，再向南流，将晋陕高原割裂成山西、陕西两部分，而再转向东，下太行山之前，有个不容易通过的水险，那就是龙门。相传是大禹治水所凿，原来是一座山，就叫龙门山。它被一分为二后，分跨黄河两岸，黄河过了这个龙门口，就山开峰阔，河水豁然奔放，声如雷鸣。河中鱼类都无法游过龙门，说是游得过去的就是龙，所以世称登上高位或科场得意就叫“登龙门”或“鲤鱼跳龙门”。又因为司马迁出生在这里，也有人以“龙门”称呼他。

鲤鱼跳龙门

在龙门南方，黄河转而向东，其支流渭水的弯道附近，有一关和一山，是自古以来极重要而明显的政治与文化分界线，那就是被称为“深险如函”的函谷关和杜甫诗中“诸峰罗列似儿孙”的西岳华山。

人们常常听说的“关东”“关西”和战国以来所称的“山东”“山西”，就是分别

华　山

指这个关和这个山。

在《战国策》或司马迁的《史记》中，那些专门爱论天下大势的纵横家，分析起局势来，都会提到这个分界线。大体而言，在上古时代，关东是已进入农业社会的汉族中原文化的活动区域，关西则是以游牧为主的戎狄文化的活动区域。

到了春秋时代，由于秦襄公协助周平王东迁有功，升格为诸侯。经过几代努力，不但把西边蛮族（西戎）地区统一，而且把势力向东拓展到华山。不过，公元前630年前后，秦穆公大力推行的东进政策，终于在一次决定性的交战中被晋国所阻挡。从此，秦国专心在关西地区发展，称霸西戎，一直到战国初期。两个世纪当中，关西的秦国采取闭关自守政策。关东诸国还时常把它当成蛮族看待。

后来关东地区在丰富的物质条件基础上，产生了百家学说，关西则在几位卓越的君主领导下，吸收关东文明，并且独尊法家，励精图治，配合在边地长期培养出来的尚武精神，最后征服了关东诸国而一统天下，并把政治中心设在关中（指函谷关至陇关之间，也可说即今陕西省），这个政治中心风光了一千多年而不衰。

以现在的省份区划来看，关东主要包括山西、河北、河南、湖北、湖南、山东、江苏、安徽等省；关西则包括陕西、甘肃、四川等省。

据史学家傅乐成先生研究，一直到汉代，关西仍然是个特殊地区，文化上与关东截然不同。就人才而言，关东出相，关西出将。但由于秦始皇的过激政策，使关东六国后裔揭竿而起，并使关西人变成被征服者，因此，虽然这个尚武文化区域出了不少卓越将领，却在偏差的地域观念作祟下，没法获得政治上的平等权利。

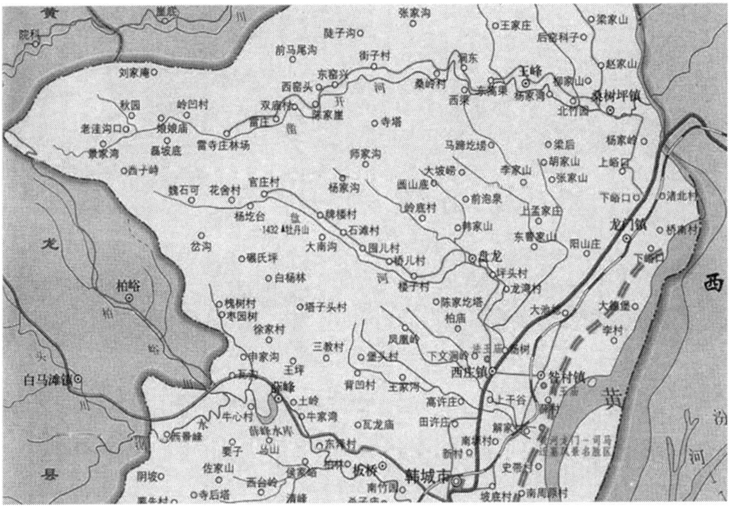

龙门地图

摊开地图可以发现，司马迁的出生地龙门，正好就在关东、关西交界线接近中央的位置。是的，这是一道门，它可以尽窥关东、关西的一切。如果说上天把这位旷古奇才送上历史舞台的位置，对台下的观众有所暗示的话，也许这就是个看天下事、记天下事的最佳位置吧！可是，上天安排的这出戏似乎将是一出悲剧。因为龙门虽在交界地带，但仍属关西地区，以当时的地域观念而言，他是被征服者秦人的后裔。上天赋予了他的浪漫个性，同时伴随着“命运交响曲”三短一长的不安音符，他是注定要卷入一件关西军人世家所发生的案件中，而无助地接受了惨无人道的刑罚。这个悲剧是不是不够悲壮呢？因为他没有为受冤枉慷慨而死，却忍辱求生。不是的，人们不是也能从他的巨著《史记》

中，感受到那个悲壮的身影么？因为他的求生，是要回过头来，重拾那“乱臣贼子惧”的史笔，指向千古，面对万人。这岂不更壮烈？

史官世家司马氏

“公元前145年”及“龙门”的启示暂且不讲，当作伏笔。那么，先来看看司马迁的家世。

首先引起人们兴趣的，该是他的姓——“司马”，要把一个姓氏的源流讲明白，那是个很困难的问题，只能说，中国到了周代，由于人口繁衍渐多，原有的单纯封建制度无法适应社会需要，于是由姓演化出氏族系统来。姓是原始族号，氏就是它的分支，最初也是由分封而来。有以官职为氏的，也有以封邑为氏的，司马就是以官为氏，司马是官名，掌管军事。

司马迁对司马氏的起源，在《史记》的自序中曾有所叙述，但留下了不少问题，他的家族谱系也很难追踪。粗略地说，他的老祖宗虽然是个管军事的官儿，但后来不知到哪一代改行了，做了周朝王室的太史，后来逐渐分散到各诸侯国，那就各行各业都有了。

在秦国的司马错，是司马迁比较早的且可信的一位祖辈，大约早他 180 年，就是那位一上台就杀死商鞅的秦惠王手下的大将。他曾经和主张连横的张仪，在攻打韩国还是攻打当时在今四川成都一带的外族小国——蜀国的决策问题上，在秦惠王面前展开辩论。张仪认为攻打韩国可以乘机胁迫邻近的周王室，然后可以挟天子以命令天下的人遵从秦惠王的号令，是创建王业非做不可的战略。司马错则认为“欲富国者，务广其地；欲强兵者，务富其民”，况且挟持天子会引起六国的反感，正好可以作为他们的借口以合力对付秦国。因此，他主张伐蜀，不但有具体的经济利益，而且不会引起六国的注意。

这个有远见的论调，当场获得秦惠王的同意。就在那个时候，蜀国正好和在今重庆一带的另一小国巴国相互攻伐，于是司马错就轻易地把蜀国消灭并吞掉了它的土地。司马错可以说是汉族经营四川的第一个人。他在劝秦惠王攻打蜀国的时候曾提出了“拔一国而天下不以为暴，利尽西海（即蜀地）而天下不以为贪”的经济策略，后来秦国能够兼并六国，他这个富国以强兵的经济策略也占有一些功劳。司马错就是司马迁的九世祖。

司马错以后，人们现在所能知道的，有司马错的孙子司马蕲，他是曾在长平之役坑杀了赵国四十万士卒的秦国大将白起的部下，长平之役他也参加了。也许是因为与白起的关系相当密切吧，所以后来白起高呼“我何罪于天，而至此哉”被秦昭王赐死时，司马蕲也陪着被赐死。

司马蕲的孙子叫司马昌，曾在秦始皇时担任相当于现在矿务局长的官，主管铁矿事务。

司马昌的儿子，也就是司马迁的曾祖父，叫司马毋怿，他做过“汉市长”，所谓“汉市”，有人说是地名。“长”呢？秦汉的县官，治理万户以上的叫“令”，万户以下的叫“长”。这么说来，他就是个县太爷。可是另外还有个说法，说长安城内有四个市（市场），他是这种“市”的市长。不管怎么说，他是个“公务员”，官不大。

司马迁的祖父叫司马喜，他似乎没做过什么特别的事，司马迁只说他曾获得下“五大夫”的爵位。接下来，就是司马迁的父亲司马谈。

整个看起来，他的祖先，除了司马错曾经有过显著的功名以外，其余大都是中下级的官吏。他们是司马氏离开周朝王室以后奔向秦国的一支，世居龙门一带。说起来，他的祖先成了秦人以后，似乎就舍弃了他们更老的祖宗在周王室担任史官的事业，一直到他的父亲司马谈，才又重操旧业。

背景知识

姓　氏

姓氏中的姓是为了“别婚姻”，氏则是为了“明贵贱”。正如《通志·氏族略》说的那样：“贵者有氏，贱者有名无氏。”

中国的姓源于原始社会母系氏族时期，作为一个血缘家族的称号，氏隶属于姓。自秦汉以后，姓氏不分，合二而一。姓在母系氏族社会以后，逐渐增多，来源极广。主要来源于封国名、谥号、爵位名、官名、居地、职业等。

姓起源于部落的名称或部落首领的名字。传说黄帝住姬水之滨，以姬为姓；炎帝居姜水之旁，以姜为姓。皇天以大禹治水有功，赐姓为姒。此外，部落首领之子亦可得姓。黄帝有二十五子，得姓者十四人，为姬、酉、祁、己、滕、箴、任、荀、僖、依等十二姓，其中有四人分属二姓。又祝融之后，为己、董、彭、秃、曹、斟、芊等姓。这些是远古有代表性的一些姓。

夏、商时期，贵族有姓氏。姓的分支为氏，意思相当于家或族。夏王室为姒姓，另有霸主昆吾为己姓，己姓中有苏、顾、温、董、豢龙等氏。商王室为子姓，另有霸主大彭、豕韦为彭姓。商代还有条氏、徐氏、萧氏等十三个氏。

周代是中国姓氏大发展的一个重要时期，姓氏制度见于记载者较多。周王为姬姓，周王所封建的各诸侯国之君和卿大夫有同姓和异姓的区别。到东周春秋时，可考的有姬、姒、子、风、嬴、己、任、祁、芊、曹、董、姜、偃、归、曼、熊、隗、漆、允等二十二姓。

虽然周代贵族有姓，但只有女子才称姓，未婚女子如齐姜、宋子，齐、宋为国名，姜、子为姓。已出嫁女子，如江芊、栾祁，江、栾为夫家国、氏名，芊、祁为女子本人的姓。当时有同姓不婚的习俗，故称贵族女子的姓以示与夫家之姓有所区别。

周代实行宗法制，有大、小宗之别。一个氏的建立表示一个小宗从大宗（氏）分裂出来，另立门户。建立侯国要经周王认可，卿大夫立新家要得到君主允许，称之为“胙之土而命之氏”。

春秋以前，贵族之姓承袭自远祖，因此百代不变；氏为贵族得自与自己血缘关系较亲近的先人，则数代即发生变化。战国时，宗法制度瓦解，姓氏制度也发生根本变革。这时氏开始转变为姓，如本属于妫姓的齐国田氏，至战国时以田为姓。以往贵族才有姓，平民仅有名，战国以后，平民有姓，百姓遂成为民众的通称。姓氏制度的演化，反映了贵族的没落，平民地位的上升。

重操祖业的司马谈

这位重操远祖旧业的司马谈，才是真正把司马迁引向伟人伟业大道的关键人物。同时，他对司马迁的思想有很大影响。

汉高祖长陵

也许司马迁在叙述私人方面不便多费笔墨，关于他的父亲，在《史记》里并没有详细叙述，所以司马谈的生年无法考证，只知道他死于公元前110年，即司马迁三十六岁那年。他是在汉武帝建元年间担任太史令，确切的年代不知，大概是在汉武帝登基后一两年内，也就是司马迁六七岁的时候。不过，关于司马谈的思想，《史记·太史公自序》记载了一篇他写的论文，这篇文章非常有名，也非常有价值，叫《论六家要旨》。他把春秋战国以来的学术，整理出一套系统，井然有序地对阴阳、儒、墨、名、法、道六家学说，作出了简要而一针见血的总评。他最推崇的是道家，而批驳最多的则是儒家。他认为各家学说有个通病，就是过于褊狭，没法灵活运用，只有道家“因阴阳之大顺，采儒墨之善，撮名家之要”，而且“与时迁移，应物变化”。换句话说，就是最具有综合性和最富于弹性。照这个说法，如果“道家哲学就是过来人的哲学”是正确的话，那么在司马谈的眼中，道家可真就是从儒、名、墨、法、阴阳各家“过来”的经典哲学了。他盛赞道家“无为而无不为”，批评儒家“博而寡要，劳而少功”，因为“儒者以六艺为法，六艺经传以千万数（经籍太多了），累世不能通其学，常年不能究其礼（永远学不完）”。

司马谈

司马谈的这一套思想，对司马迁有着很大的影响。这篇文章写于哪一年，没有明文记载，但写作的背景却是非常清楚的。那是汉朝由初期的“黄老之术”，转到“罢黜百家、独尊儒术”的过渡时期。显而易见，司马谈是沉湎于过去黄老之术的代表。司马迁承袭了他评六家的学风，但是“他的见识和衡量，已超过了他父亲。他对孔子以下百家的衡评，直到现在两千年来大体还如他意见”（钱穆语）。也正因为他“超过”了他的父亲，而且，他的时代虽然全部在“罢黜百家、独尊儒术”的汉武帝时代的笼罩下，但是实际上，汉武帝的尊儒只是做了表面功夫。所以司马迁实际上也生活在一种思想转型的空气中，不过比他父亲的时代更向儒家靠近而已。

本来这是那种过渡时代无法避免的思想现象，不足为奇。但后世却每每为司马迁的思想究竟是“尊儒抑道”还是“尊道抑儒”而争论不休。双方都可以在《史记》中找到许多的证据来证明自己的看法，只是，会不会“劳而少功呢”？

就司马谈来说吧！《史记》说他曾向一位叫唐都的方士学过“天官”。“天官”用现在的话说，就是研究日月星辰的天文学，接近阴阳家。他也曾向杨何学《易经》，这是一门具有道家色彩的儒学；又向一位姓黄的先生学习“道论”，此人大约就是司马谈道家学说的授业老师，灌输给他道家的思想。

作为一位学黄老、崇黄老的父亲，司马谈给司马迁的是怎样的教育呢？说起来也很合理，他在那个黄老向儒学过渡的时代，仍是随着潮流，让司马迁接受儒家教育。因为毕竟这是中央政府的政策，而他也在中央政府任职。

在这样一个时代生活，在这样一位父亲的安排调教之下，司马迁的思想怎么能够按照后世的标准加以评定呢？说他就是什么家，或客气点说他是偏重什么家？这个问题，看来永远是“仁者见仁，智者见智”。但是，最重要、也是最主要的，别忘了司马迁是个史学家，是个浪漫时代的浪漫史学家。他好奇的眼光，射向任何他能看到的角度，而这些都是他思想源泉的一部分，是他思想的影子。

司马迁的父亲对他的影响很大，但绝不是他的全部。一个成功的史学家，往往先具有敏锐而且敏感的触觉，而后有准确的反应和反馈，他是一个时代的测定器。其生存和生活的体验是极为重要的。所以，还是撇下空泛的名词，一切从头说起，先谈谈他的少年。

背景知识

黄老之术

中国战国时的哲学、政治思想流派。尊传说中的黄帝和老子为创始人，故名为黄老之术。黄老之术始于战国，盛于西汉，假托黄帝和老子的思想，实为道家和法家思想结合，并兼采阴阳、儒、墨等诸家观点而成。在社会政治领域，黄老之术强调“道生法”，主张“是非有，以法断之，虚静谨听，以法为符”。认为君主应“无为而治”“省苛事，薄赋敛，毋夺民时”“公正无私”“恭俭朴素”“贵柔守雌”，通过“无为”而达到“有为”。上述主张在汉初产生了一定的影响，于是出现了“文景之治”的盛世。东汉时，黄老之术与谶纬之说相结合，演变为自然长生之道，对道教的形成产生了很大影响。

第二篇　游历东南寻史料

反听之谓聪，内视之谓明，自胜之谓强。

——司马迁

道、儒、法学说的交锋

司马迁十岁以前，绝大部分时间都在龙门乡下，过着典型乡下小孩的生活：帮忙耕田、放牛，和带着泥土香味的玩伴们与大自然亲吻、嬉戏，当然，免不了也要接受家传的基础教育。

汉武帝

在龙门西南方的首都长安，就在这十年中，也就是他五六岁的时候，比他只大十一二岁的汉武帝登基了。一个五六岁的小孩可能还弄不清皇帝是个什么东西，就算弄清楚了，他也万万没有想到，自己长大以后，竟然就在皇帝身边做事，而且是为这位皇帝做事。汉武帝是一位浪漫而富有传奇色彩的皇帝，他的一生绝对称得上是大有作为，但却又充满矛盾。他即位以后，曾经自称平阳侯微服出巡。好笑的是，他曾被当作小偷，淋了一身尿。他为制止社会上流行的战国养士的风气，果断地杀了关东大侠郭解。为了替先祖的受辱雪耻，他下令集中全国的兵力痛惩匈奴，但却怕死怕得像个未见过世面的小村妇，任一些江湖方术玩弄他于股掌之间，然后“且战且学仙”。他说：“我要是真的能像黄帝那样（长寿成仙），那抛妻弃子对我来说，就像脱鞋一样。”他常叹人才不足，可是又往往因一点小过就滥加杀害。他常常因一时失察而酿成巨大惨案，而后又很后悔，最后则在痛悔中结束他的一生。

司马迁的一生，就是跟这样一个皇帝密切相关。汉武帝登基以后建立了中国帝王第一个年号，即“建元”。这个名词和“始皇”似乎有些异曲同工之妙。汉武帝和秦始皇一样，登上人位之极，嫌不够，还要在历史记录上拔得头功。而事实上，透过司马迁的描述，他们两位还真具有不少相像之处。

老　子

孔　子

韩非子

在这里先说秦始皇的焚书，这一把火确实给司马迁带来了诸多不便，因为六国的历史典籍都被烧光了。唯独秦国本身的部分，由于刘邦打入咸阳时，萧何抢先去把图书资料抢救下来了，它还是完整的，所以有关秦的事情，《史记》记述得最为详尽。就《史记》的资料及叙事部分的比重而言是如此，可以说秦国在司马迁笔下复活了。但同样地，秦国的尚武尚法精神，也在司马迁的有生之年复活了。

早在司马迁出生前二三十年的汉文帝时代，在当时的大商业城市洛阳，冒出了一位天才，名叫贾谊。他提出用礼乐教化转移风俗、多建诸侯以削弱地方权力的"治安策"以来，道家的那件外套就显得有些无能，而儒家则有渐渐抬头的迹象。同时令人明显地发现，原来所谓的"无为而治"，就某种意义而言只是一味地因袭，包括因袭秦所遗留下来的法律，差别只在不常用，没事时，就让百姓清静；真有事情发生，可就是严厉得很。原来，汉初的道家外套里，还是穿着法家的内衣，只是不常亮相而已。

贾谊要脱去道家外套并更换内衣的论调一出，马上引起那些主张黄老之术的大臣们的恐慌，可是又提不出具体的办法或从理论上去反驳贾谊，只是大骂"洛阳之人，年少初学。专欲擅权，纷乱诸事"，然后冠给他一个"洛阳少年"的封号。这个封号今天看来好像还蛮好听，事实上，当时的意思是：洛阳那种大商业城的小子，一个不守规矩的小混混。带有轻视鄙夷的意味。贾谊就这样被那批人阻挡在了首都之外，无法接近皇帝来伸展他的远大理想。

这是企图换衣的第一回合，失败了。可是，逐渐庞大的帝国，从无为到有为的需要，使这一类的改革冲突不断地发生。

到了司马迁的少年时代，前面之所以用“激烈的遭遇战”来形容，是因为这里面有好几个有趣的巧合和冲突：

第一，刚刚说的逐渐庞大的帝国，必须有所为才有办法适应这个时代的需要。正好在这个时候，汉朝最有为的皇帝上台了，这是时与人的巧合。

第二，汉武帝好大喜功，想有所作为，在各家治术当中，那个隐藏在黄老外套底下，还没有显现出来的法家，自然是最适宜不过的。可是，秦代因崇尚法家，让人们疲累不堪，终而速亡的前例，使汉朝那些受秦暴政蹂躏的百姓的后代子孙，实在谁也不敢提倡法家之治。这个民意，汉武帝也没有胆量加以违背。想要又不敢说，想放弃又舍不得，是汉武帝这个人内心的冲突。

第三，姑不论汉武帝内心的冲突，他贵为一国之尊，当他想有所作为的时候，照理没有人可以阻挡他。可是按司马迁的父亲在《论六家要旨》中所说，不论什么家都没法改的“君臣父子之礼”却是汉武帝不得不遵守的。汉武帝的父亲汉景帝已崩，但他的祖母窦太后还在他头上没死。如果窦太后在头上而不管事也就罢了，偏偏她在汉景帝时代就是窦氏外戚集团的首脑，诸事都管得紧。而更令汉武帝烦恼的是，窦太后是个坚决支持黄老之术的死硬派。

背景知识

窦太后

窦太后（前 205—前 135），名漪，清河郡（今河北清河）人，出身于良家，吕后时入选进宫。吕后挑选一些宫女出宫赏赐给诸侯王，每个王五名，窦姬也在选中之列。窦姬因家在清河，离赵国近，希望能到赵国去。她向主持派遣宫女的宦官请求，一定要把她的名字放到去赵国的花名册里。这个宦官在分派宫女时却把这件事忘了，把她的名字误放到去代国的花名册里了，就这样她去了代国。虽然这不是她的心愿，但到了代国，代王刘桓却非常喜欢她，先与她生了个女儿刘嫖，后又生了两个儿子：刘启和刘武。

窦太后像

窦太后死于汉武帝建元六年（前 135），时年约七十一岁。她去世后与文帝合葬于霸陵。

窦太后是汉帝国最后一位拥附“黄老思想”的统治者，在她的影响下，西汉政权能承续由刘邦时期定下的“与民生息”“无为而治”的精神，从而把西汉王朝推上了强盛的高峰。

汉景帝时有个博士（博士始于战国时代，是政府中随从的知识分子，属顾问性质，但工作内容很复杂，包括卜卦等帝王所喜好的事情，跟政治较无关系）名叫辕固生，窦太后因为喜欢《老子》书，有一天召他去问问题。辕固生说：“这（《老子》）不过是童仆之言而已（不足以治天下）！”太后听辕固生这么说《老子》非常生气，侮辱了他心爱的老子怎么得了？司马迁在《儒林列传》里描写这段情节，说太后愤怒地命辕固生“入圈刺豕（豕，即是猪）”，应是刺野猪。这有点像罗马人的一种惩罚并娱乐的方式，犯罪的人在一个圈成圆圈的场子里头和猛兽相搏斗。斗胜了，算是走运，可以免罪；斗输了，就让猛兽给吃了。这时汉景帝在旁看出辕固生不过是直言冒犯了太后，实在不算犯什么大罪，就命人偷偷给他一把最锋利的刀子，结果运气不错，辕固生一刀就刺进野猪心窝而幸免于难。有这样一个顽固而霸道的太后压在顶上，汉武帝实在也不敢太过于大刀阔斧，这是属于人与人的冲突及道与儒、道与法的交锋。

孟　子

这三个巧合和冲突，如果再加以排列组合，那就热闹得很。对于这个棘手的问题，我们来看看汉武帝是怎么处理的。

他一上台就下令大臣们负责推荐保举“贤良方正，直言极谏”的贤能人士，言明“申韩（法家）苏张（纵横家）之言，乱国政者”不在推荐之列，黄老则碍于太后，暂时不敢列入禁止范围。结果，董仲舒等儒者被选用了，可是因为顾忌太后喜恶，只好先把他们安置在地方政府。董仲舒被分派到汉武帝哥哥的王国里。诚然，他对自己内心的冲突已有了妥当的化解办法，那就是决定改用儒家外套。为什么呢？司马迁在《史记》中记载汉武帝有个令他害怕的诤臣汲黯，曾批评汉武帝是“内多欲而外施仁义”，这句话正好一语道破他决定尊儒的真正动机。汉武帝想利用迂阔但高谈王道并且重礼制的儒家学说，来掩饰他“多欲”的内心。一方面可获得重仁义、行王道的美名，另一方面可以避免天下人“谈秦法色变”的排斥力，以行尚武、尚法之实。这真要感谢司马迁据实直书，把骂“当今天子”的话也照实写下来了，否则，要知道他的真面目，还真怕证据不足呢！

到了建元五年（前136），即司马迁十岁的时候，大概窦太后已经体弱力衰，事情管得少了。于是，汉武帝进行了第二个步骤，在他手下的顾问组织里，设置“五经博士”，换句话就是“儒学博士”。不过，顾问组织里本来就有的其他各家各派博士仍然存在。

第二年，窦太后一死，这个属于人的冲突因素就完全冰释了。就在这一年，他把不是儒家的其他博士，全部予以遣散，这就是有名的“罢黜百家”。从此，儒学成为中央政府正式标榜的正统学术，而“博士”的职务也由原来的旁门杂流加以制度化，专门研究历史和政治，而且由能够“通经致用”的学者担任。他们没有实际政务，但可以参加“廷议”（政务会议），这也开启了学术指导政治的通道。

不管汉武帝内心如何想，有没有诚心真正去运用，但这个制度是个建设性的制度。还有，后来在博士底下，设有弟子员五十人，每年都进行考核，能通过一部经以上考核的，就可以派职。成绩好的则可以为“郎”（天子的侍从），从而开辟了由读书通往从政的途径，为人才的吸收及人事行政立下了一条较为公平合理的制度。

也许就是受这种划时代的背景影响，崇尚黄老的司马谈，也配合适应政策环境，让司马迁接受儒家教育。司马迁自己说他十岁的时候，开始学习古文，古文在当时是指秦代篆书以前的“蝌蚪文”，在当时已经被放弃不用。他学习这种文字，与这个背景有没有间接关系，不得而知。一般认为，在他六七岁的时候，他父亲开始担任太史令。十岁的时候随他父亲住到长安。这样一来，司马迁开始接触到京城内刚刚飘起的儒学风气。同时，在父亲身边直接受父亲的教诲。他的古文基础对他日后的考订史料有着非常大的帮助，因为古文资料较为接近当时的古代，比较可以信赖。也因此，司马迁才有办法把秦汉以前的历史整理出来。

五六岁到十岁的司马迁，乘着“儒风”来到长安。就在这个政治经济文化中心，这阵“儒风”吹过以后，下的竟然不是“儒雨”，而是尚武尚法、内心向欲的“秦雨”。当他八岁那年（前138），汉武帝的特使张骞，奉命出使到西域去，目的是要联络大月氏，夹击匈奴。这已经是一个明显的信号，汉帝国已经准备舒展它的筋骨。司马迁马上要进入一个热闹而且令他目不暇接的场面，他会为这种事而感到高兴，并对前途充满了憧憬，但也因此，他将向着他一生中最悲惨的遭遇一步一步地靠近。

背景知识

儒家思想

儒家思想也称为儒教或儒学，由孔子（前551—前479，名丘，字仲尼，春秋时期鲁国人）创立，最初指的是司仪，后来逐步发展为以尊卑等级的“仁”为核心的思想体系。儒家的学说简称儒学，是中国影响最大的学术流派，也是中国古代的主流意识。儒家学派对中国、东亚乃至全世界都产生过深远的影响。

孔 子

儒家基本上坚持“亲亲”“尊尊”的立法原则，维护“礼治”，提倡“德治”，重视“人治”。儒家思想对封建社会的影响很大，被封建统治者长期奉为正统思想。

儒家的“礼治”主义的根本含义为“异”，即，使贵贱、尊卑、长幼各有其特殊的行为规范。只有贵贱、尊卑、长幼、亲疏各有其礼，才能达到儒家心目中君君、臣臣、父父、子子、兄兄、弟弟、夫夫、妇妇的理想社会。国家的治乱，取决于等级秩序的稳定与否。儒家的“礼”也是一种法的形式。它是以维护宗法等级制为核心，如违反了“礼”的规范，就要受到“刑”的惩罚。

儒家的“德治”主义就是主张以道德去感化教育人。儒家认为，无论人性善恶，都可以用道德去感化教育人。这种教化方式，是一种心理上的改造，使人心良善，知道耻辱而无奸邪之心。这是最彻底、最根本和最积极的办法，断非法律制裁所能办到。

儒家的“人治”主义，就是重视人的特殊化，重视人可能的道德发展，重视人的同情心，把人当作可以变化并可以有很复杂的选择主动性和有伦理天性的“人”来管理统治的思想。从这一角度看，“德治”主义和“人治”主义有很大的联系。“德治”强调教化的程序，而“人治”则偏重德化者本身，是一种贤人政治。由于儒家相信“人格”有很大的感召力，所以在此基础上便发展为“为政在人”“有治人，无治法”等极端的“人治”主义。

在汉武帝之前，秦朝、汉朝都是以法家思想为政权的统治思想。秦始皇焚书坑儒后，加之汉字尚处于雏形，不具备准确表达的功能，正统的儒家思想已基本消失。

儒生董仲舒在汉初提出“春秋大一统”和“罢黜百家，独尊儒术”，强调以儒家思想为国家的哲学根本，杜绝其他思想体系。汉武帝采纳了他的主张。从此儒学成为封建统治集团的正统思想，研究四书五经的经学也成为了显学。此时，孔子已死百余年。董仲舒在具体的政策上将道家、阴阳家和儒家中有利于封建帝王统治的部分加以发展，形成了新儒家思想。

在汉代的儒家思想普及过程中，很多社会问题得到解决。儒家思想倾向于施用仁政管理国家，政治家们以此为根据，限制土地过分集中，建立完善的道德体系，提出了包括“限民名田，以澹（赡）不足”“三纲五常”等政策。

汉武帝在位时期，封建国家强盛，这给封建统治稳定建立了基础。为维护大一统的局面，必须建立与之相适应的思想体系。董仲舒吸收了道家、法家等有利于君主统治的成分，对儒学进行了改造，增加了“君权神授”和大一统的思想，这在客观上有利于封建中央集权的加强和国家的巩固，也利于社会的稳定，从此儒家思想逐渐成为封建社会占统治地位的正统思想。两千多年来，儒家之所以能独领风骚，一方面是因其思想内核即哲学上的天人观念、伦理上以“仁”为核心的“三纲五常”、政治上的大一统主张，在根本上都有适应了封建专制统治需要的因素。

另一方面是因为儒家具有强烈的社会责任感，能够随时代需要的变化而不断改变面目。先秦儒家没有为当时的统治者所接受，甚至还遭到了秦始皇毁灭性的打击，这是由先秦儒家初创时自身的理论缺陷导致的。先秦儒学的内容体系充满着浓重的、淳朴的伦理亲情色彩，显得“迂远而阔于事情”。例如，孔子的“仁学”，目的在于通过“正名”恢复“周礼”，所以孔子的思想不会为新兴地主势力所青睐。

孟子的“仁政”说，虽已转到新兴地主势力的立场上，但其“仁政”说是建立在“民为贵”“君为轻”的基础上的，过分突出了小农利益，因而也不会得到统治者的赞赏。历史发展到汉武帝时期，封建国家强盛，这给封建统治稳定创立了前提。为维护大一统的局面，必须建立与之相适应的思想体系，儒学随之有了恢复生机的条件。

儒家提倡德政、礼治和人治，强调道德感化；法家提倡“一断于法”，实行法治，强调暴力统治；道家提倡顺乎自然，“无为而治”，三者具有很大的互补性。经过秦、西汉初年的治国实践，可从正反两个方面证明：在动荡年代，军阀割据，难以用儒家路线实行全国大一统，而法家路线却能收到这样的效果；在动荡结束之初，人口凋敝，生产破坏，应该实行道家无为政治，与民休息，以恢复和发展生产；当国家稳定，走上正常运行轨道之后，不能再实行严刑峻法的暴力统治，而以儒家路线为宜。三者之间表现出了互相融合的趋势。

到了汉武帝时期，董仲舒以儒家路线为基础，以法家路线为辅助，兼采道家的合理思想，奠定了中国封建社会统治思想的基本格局。从此以后，以儒家伦理道德为中心，以法家的严刑峻法为辅助，以道家权术政治为手段的治国模式基本上符合中国古代封建社会的国情，成为封建社会历代统治阶级奉行不变的治国圭臬。

对汉武帝“罢黜百家，独尊儒术”的认识：西汉前期，封建统治者迫于经济凋敝、民心思治的社会形势，以退为进，奉行黄老之学为统治思想，试图达到无为而治。但随着历史条件的变化，到汉武帝时期开始实行有为政治，统治思想也必然面临新的抉择。

汉兴以来，除黄老之学外，儒家思想也一直比较活跃并有所发展，景武之际的董仲舒便是西汉儒学的代表人物。元光元年（前134），董仲舒以贤良对策。他在《天人三策》中提出，思想统治也应遵循“大一统”的“常经通谊”，而“今师异道，人异论，百家殊方，指意不同，是以上亡以持一统”，因此他建议：“诸不在六艺之科孔子之术者，皆绝其道，勿使并进。”董仲舒从理论上阐明尊崇儒学的思想统治原则，受到汉武帝的赏识。随后武帝采取一系列措施，从而确立了儒学的统治思想地位。

建元五年（前136），武帝设置儒学五经博士，同时罢免其他诸子博士，把儒学以外的百家之学排斥出官学，史称“抑黜百家，表彰六经”。元朔五年（前124），武帝下诏批准董仲舒、公孙弘建议，在长安兴办太学，用儒家经书教育青年子弟，从此儒学成为官办学校的主体内容。武帝改造选官制度，规定博士弟子成绩优异者可任为郎官，吏有通一艺者可选拔担任重要职务，还打破常规，起用布衣儒生公孙弘为丞相。这样随着儒学地位的提升，封建政治与儒学密切结合起来，西汉皇帝诏令和廷议中多称引儒家理论，司法过程中以《春秋》义例决狱。武帝时遵循儒家思想，举行封禅、改正朔、修郊祀、定历数等重大礼制活动，初步形成儒家政治的历史传统。

需要理解的是，武帝这一政策与秦代有很大不同，官学独尊后，其他思想学派并未被禁止，所提倡的儒学本身也广泛吸收了法家、阴阳家等各家学说，统一的思想带有一定的综合倾向，因而获得了成功。儒家兴学，把教育、考试与选官结合起来，是武帝的创造，在客观上促成了重视知识、重视教育的社会风尚，儒家思想逐渐渗透到社会各方面，造成了中国传统文化的基本范式。但从本质上看，这仍是一种封建专制主义文化政策。汉武帝运用皇权干预思想学术，抑制了民族思想的自由发展，禁锢了思想界的探索精神，违背了思想统一于真理的规律，有明显的消极作用。

儒学在中国存在已有两千多年，对于中国的政治、经济、文化等各个方面依然存在巨大的潜在影响。

道家思想

道家是中国春秋时期、战国时期诸子百家中最重要的思想学派之一。

西汉初年，汉文帝、汉景帝以道家思想治国，使人民从秦朝苛政中得以休养生息。历史称之为“文景之治”。其后，儒家学者董仲舒向汉武帝提倡“罢黜百家，独尊儒术”的政策，并被后世帝王采纳。道家从此成为非主流思想。虽然道家并未被官方采纳，但继续在中国古代思想的发展中扮演重要角色。魏晋玄学、宋明理学都糅合了道家思想发展而成。

佛教传至我国后，也受到了道家的影响，禅宗在诸多方面受到了庄子的启发。道家先秦各学派中，虽然没有儒家和墨家那么多的门徒，地位也没有儒家高，但随着历史的发展，道家思想以其独特的宇宙、社会和人生领悟，在哲学思想上呈现出永恒的价值与生命力。

道家思想起始于春秋末期的老子，但秦时期并没有道家这一名称。用“道”一词来概括由老子开创的这个学派是由汉初开始的。这时，道家也被称为德家。

司马迁的父亲司马谈曾写过名为《论六家要旨》一文，把秦学派概括为道德、儒、墨、名、法、阴阳六家，并阐述了六家要旨和得失。汉初道家思想普遍流行，加之司马谈是道家思想信徒，所以他给予了道家最高的评价。

司马谈指出：道家兼有其他五家之长，同时又避免了它们的短处。用来治国修身，有事半功倍的效果。汉代淮南王刘安因谋反而自杀，谋反者使用的理论武器是黄老之学，黄老之学的无为而治受到了严重挑战，使道家思想逐渐走向衰落。汉武帝独尊儒术后，道家思想从此不再成为中国的主流思想。

之后道家思想渗透到中国文化的各个方面中，魏晋玄学是最明显的复兴思潮。先秦各家内，一般都可以区分出众多派别，道家也不例外。东汉班固所作的《汉书·艺文志》中，共列有道家著作三十七种，九百三十三篇，它们大多作于先秦时期。

道家思想的主流学派为老子、庄子、黄老学派，此外杨朱思潮可能影响了老子和庄子。不同的学派之间思想重心也不同，或偏于治国，或偏于治身。司马谈所说道家，主要指黄老学派。

一般认为道家思想的特征之一，是幻想通过各种养生修炼而达到长寿不死，“因而开创了中医养生学”；或从考察养生学源流的角度说，“寿命的无限延长说”即源自老庄学说。著名的中国科学史家李约瑟在其《中国科学技术史》中强调指出，“道家思想乃是中国的科学和技术的根本”，研究道家思想体系“对于了解全部中国科学技术是极其重要的”。但他也同样认为：“道家思想从一开始就迷恋于这样一个观念，即认为达到长生不老是可能的。”“道家迷恋于肌肉坚实、肤色丰美的青春，他们相信可以找到能够用以遏制衰老过程或返老还童的技术。”可见，李约瑟乃至许多科学史家都自然而然地将追求不死成仙的思想和服食、导引、房中、行气等各种具体养生方法的起源归于道家和道家思想体系。

法家思想

封建社会的运转，依靠的是两项权利原则：礼和刑。“礼”针对贵族，“刑”针对普通百姓。在西周封建社会里，各种社会关系主要依靠个人接触和个人关系来维持。天子、诸侯都生活在社会金字塔的顶尖，与普通百姓没有直接关系，而与百姓打交道的人，则是一些下级诸侯和小贵族。诸侯国之间的交往称为“礼”，而贵族依靠“刑”迫使庶民服从。到了东周时期，社会各阶层原有的僵硬界限逐渐被打破，大国之间侵伐、兼并，这在春秋五霸、战国七雄之中可以得到印证。各国统治者都想在弱肉强食的残酷竞争中保存自己的国家，增强国家军事、政治、经济实力，强化国家的统治，就需要中央集权。面对这样的形势，儒家、道家、墨家等各派都力图解决君王的各种问题，可是都过于理想化，不切合实际。各国君王爱听的不是怎样谋求民众的安居乐业，而是如何解决当前的严峻的国家形势。就这样，一班“方术之士”登上了历史的舞台。有一些人为他们鼓吹的统治方略提供理论依据，这就构成了法家的思想主张。有一种对法家的误解，认为他们主张法学，其实，法家主张组织领导极权主义的理论和方法。

韩非子之前，法家分三派。一派以慎到为首，主张在政治与治国方术之中，“势”即权力与威势。一派以申不害为首，强调“术”，即政治权术。一派以商鞅为首，强调“法”，即法律与规章制度。韩非子认为“不可一无，皆帝王之具也”。明君如天，执法公正，这是“法”；君王驾驭人时，神出鬼没，令人无法捉摸，这是“术”；君王拥有威严，令出如山，这是“势”。

法家是先秦各哲学流派中最后出现的一派，他们认为，每个时代的变化都有其不得不变化的原因，因此只能现实地对待当今世界。古代的人民比较淳朴，是当时物质条件的低下所造成的，但古代人民的品德未必普遍高于当代人民。古者，“人民少而财有余，故民不争。今人有五子不为多，子又有五子，大父未死而有二十五孙。是以人民众而货财寡，事力劳而供养薄，故民争”。韩非子曾对“守株待兔”的故事做了评价：今欲以先王之政，治当世之民，皆守株之类也。“是以圣人不期修古，不法常可，论世之事，因为之备。”商鞅也提过：“世事变而行道异也。”

总的说来，法家并不寄希望于通过教育将大众改造成新人。

而是通过从实际出发，制定法律，配以君王的权术与威势，统治臣民。法家思想和我们现在所提倡的民主形式的法治有根本的区别，最大的就是法家极力主张君主集权，而且是绝对的。这点应该注意。法家其他的思想我们可以有选择地加以借鉴、利用。

大将军卫青、霍去病

司马迁十几岁之时，汉朝整个国家的“质”，真正朝着一个崭新的时代变化了。窦太后死了，再也没有人能够制止汉武帝大刀阔斧地进行改革。而最令汉武帝难以忍受的，就是汉朝开国以来，一直在北方耀武扬威、盛气凌人的匈奴。以“建元”对抗“始皇”的汉武帝，尤其无法忍受高祖开国以来的版图比秦始皇时代要小许多的现实。

司马迁十三岁那年（前133），朝中的大臣为了对匈奴主战或主和，发生了激烈争辩，最后当然是主战派获胜。他们设计的第一仗是采取诱敌深入然后加以歼灭的战术。因为他们分析对方的优劣：匈奴马匹好、骑术好；而汉军则兵器好、行阵严整、善于步战。所以他们选择在马邑（今山西朔县西北）进行诱敌聚歼的部署。

司马迁在《匈奴列传》中这样描写这次战役：汉军先派遣一位老翁聂壹，让他违反法律出塞，与匈奴作交易。然后，假装投降于匈奴，让匈奴单于（广大的意思，是匈奴人的首领）领兵来抢夺马邑财物，汉军三万大军就埋伏在附近的山谷里。结果，单于领了十万骑兵还没到马邑时，发现一群牲口布满郊野却没有人看管，由此起了疑心，并迅速撤退回去了，这使汉军的计谋也落了空。

从此，汉朝和匈奴断绝了两国交往。匈奴对汉朝也有了较高的警觉。于是，汉朝对匈奴采取了主动出击的策略，从而开始了数十年的战争。十三岁以后的司马迁就这样耳闻目睹了一个又一个的战役接连发生。他描写战争的手法及遣词用句，可以说两千多年来，没有人能超过他。或许跟他身处那种环境中听多了也有关系吧。

这个时期，汉朝出了不少名将。而很显然地，与汉初高祖时代有着很大不同的是，汉初那些跟随高祖而兴起的淮泗军人集团，已经凋废殆尽。目前这些关东军人的后裔，大多不会打仗，汉武帝只好借重素来善战的关西人，也就是秦人的后代，来实现他好大喜功的计划。不过，他仍然秉承高祖以来压抑关西军人的传统。虽然借重他们执行任务，可是掌握指挥权的或是兵团的统帅，一律由外戚担任。

卫　青

公元前129年（司马迁十七岁），匈奴侵犯上谷郡（今河北怀来县南，它东南方不远就是现在的北京），结果被汉军打败了，汉朝获得了对匈奴作战的第一次胜利。这次战役的指挥官，正是鼎鼎大名的卫青将军。他是个外戚，但说起来，以后世的眼光看并不是多光彩的外戚。有人说，司马迁对汉朝的君臣，似乎喜欢揭他们的疮疤，尤其是对一些得意之人，更是不客气。像汉高祖的流氓作风以及后面要提到的一些宫闱隐私等，他是毫不留情地加以记录。隐约之间，似乎在说："这一批人也会统治天下?"尤其后来他受了汉武帝给他的惨无人道的刑罚，人们都怀疑他是在进行报复。当然，人难免会受情绪影响，这种说法也有几分真实。不过，就还没有人能指出他为了报复而作一些纯属捏造的记录的情形来看，他仍是个绝对有良知的史学家。他揭的疮疤既然无一不是事实，那么，他是不是报复也就无所谓了。甚至，何不说，他的"揭疮疤"是在对"虽然是这样的人，也是可以有机会统治天下，或为国奋斗"的肯定吧。

像这位卫青将军，他发达的时候，司马迁已经是青年人了。有关他的许多传说，司马迁必定是听了不少，而且已有办法分辨其中的真伪。

《卫将军骠骑列传》一开头，就写到卫青的出身：

> 大将军卫青者，平阳人也（今山西临汾，属关东），其父郑季为吏，给事平阳侯家（在平阳侯家里担任管家，平阳侯是曹参的封号，此处所说是他的曾孙），与侯妾卫媪通，生青。

原来，卫青是他父亲郑季与平阳侯家中一个姓卫的仆妾私通而生的私生子。他的母亲姓卫，究竟是她的本姓，还是她丈夫的姓，司马迁没有说明，只说这个卫媪一共生了五个孩子。有的孩子姓卫，有的孩子姓郑，可是后来这五个孩子里出了一个皇后卫子夫，所以与郑季所生的小孩，包含卫青在内，就一律冒姓卫了。卫子夫的姐姐叫少儿，后来也学他母亲，与平阳侯家一位姓霍的管事私通，也生了一个贵子——青年将军霍去病。所以算起来，霍去病是卫青的外甥，两个人都是私生子。霍去病有个同父异母的兄弟，即他父亲正妻所生的孩子，也是个大贵人，他就是汉武帝驾崩后，遗诏辅佐汉昭帝的大将军霍光。

霍去病

这家人两代私通，却出了一批贵人，影响汉朝军政竟然达到六七十年的时间。论到他们凭以贵震天下的关键就是卫子夫当上了皇后，当时有歌这样唱："生男无喜，生女无怒，独不见卫子夫霸天下。"关于这件事的来龙去脉，司马迁也有详细的叙述，有人说这也是故意揭疮疤，现在就来看看司马迁又揭了什么疮疤。

说到卫子夫被立为皇后，就要讲到汉武帝的姐姐平阳公主。而平阳公主之所以和立卫后牵涉在一起，又是学汉武帝与平阳公主的姑妈长公主嫖的做法。讲到长公主嫖的做法则又牵连到汉武帝当年成为太子的经过，得先看这一段，司马迁调查的结果是怎样，是否故意要让汉武帝和卫、霍二将军难堪呢？

汉武帝的外祖母叫臧儿，原先臧儿嫁给王仲，生了一个名叫王信的儿子及两个女儿。后来王仲死了，臧儿改嫁给姓田的，又生了田蚡和田胜。这样一来，臧儿就有了五个小孩，三男二女，其中大女儿就是汉武帝的母后王夫人，臧儿把她嫁给金家，并且生了一个女儿。可是，后来臧儿去算命，说是她的女儿将来贵不可言，臧儿竟然硬把王夫人从金家夺回来，也不管金家反对，就把王夫人送到当时还是太子的汉景帝宫中。这个毁过婚、生过小孩的王夫人，果然像算命先生所说的一样，获得了汉景帝的宠爱，生下三女一男，这个男的就是汉武帝。不过这时他还不是太子，汉景帝共有十三个儿子，他排行第九，皇后也不是王夫人。那么，他又是如何爬上去的呢？这功劳要归汉武帝的姑妈（汉景帝的姐姐）长公主嫖（汉朝皇帝的姑、姐和妹叫长公主，唐朝时则其姐妹叫长公主，其姑为大长公主，以后历代同）。原来汉景帝非常听嫖的话，而嫖最会为汉景帝介绍美女，并且最能合汉景帝的心意。

王皇后

当时的太子叫刘荣，他的母亲叫栗姬。她对长公主嫖老是为汉景帝介绍美女感到很不满，嫖又是个很会打算的女人，她不但巴结汉景帝，而且还想把自己女儿嫁给太子，栗姬当然不肯。嫖就转向受宠的王夫人，王夫人一口就答应，于是王夫人的男孩（即汉武帝）就娶了他姑妈嫖的女儿。从此，嫖使出浑身解数，一有机会就在汉景帝面前说栗姬的坏话，尽量赞扬自己的女婿汉武帝，结果很有效地使汉景帝讨厌栗姬和太子刘荣，最后废了刘荣，改立汉武帝刘彻为太子，并立王夫人为皇后。

等到刘彻即位，嫖就称心如意地做了皇帝的丈母娘。

可惜，偏偏嫖的女儿不会生育，她总不能为自己女婿介绍女色吧！这个时候，倒是有人接了她的棒，那就是汉武帝的姐姐平阳公主（即平阳侯的夫人），她学嫖的方法取悦她的皇帝弟弟，人家是养士三千，她是养美女数十名。当汉武帝到她家的时候，她就让那些养“兵”千日、用在一朝的美女出来见汉武帝，结果平阳公主刻意安排的美女，汉武帝一个也看不上，却看上了一个歌女，并在那里更衣的时候就“得幸”了。于是，平阳公主就意外而充满希望地把这位歌女送到宫中去了，临走的时候，还抚着她的背说：“勉之，即实，无相忘。”这位歌女正是卫青的同母姐姐卫子夫。

后来，卫子夫得到了汉武帝的宠爱，而把那个不会生育的皇后气得好几次几乎死去（司马迁的原文是：“几死者数矣!”）。司马迁也不知从哪里听来的，说她“挟妇人媚道”，很令汉武帝反感，最后干脆把她给废了，改立卫子夫为皇后。因为卫子夫已生了一个男孩，就是太子刘据，这是元朔元年（前 128，司马迁十八岁）的事情，也是卫青率领三万骑兵出雁门关攻打匈奴，杀死几千名匈奴的那一年。

这件前后与汉武帝及卫、霍二将有关的事情，好像是有故意揭疮疤的味道。可是，如果深一层想想，是否故意揭疮疤，还得看当事人是不是也认为那是疮疤。

先说汉武帝，他的母亲王夫人在他的外祖母臧儿的安排下，由金家媳妇摇身一变，成为皇家的女主人，而臧儿本人也是个再嫁夫人，如果汉武帝认为这是他母亲出身的大疮疤，那么，以他做为皇帝的威权，他大可以把那些促成这个疮疤及与这个疮疤有关的人做绝情的处置。但事实上，他不但没有掩藏这些人，反而把他们一个个封侯封君。例如那个担任导演的外祖母臧儿被封为平原君；臧儿和第一个丈夫所生的儿子，即王夫人的哥哥王信，封为盖侯；臧儿和第二个丈夫所生的儿子田蚡，封为武安侯，而且在司马迁十一岁（前 135）即窦太后死的那年，他还当上了丞相；臧儿另外一个儿子田胜也被封为周阳侯。最可笑的是，据《史记》的补述者褚先生说，汉武帝又封臧儿的另一个女儿为修武君。

这一连串的封侯封君及封相，不就明确地告诉人们，汉武帝并不在乎这些？卫青、霍去病呢？卫青的故事还没完。话说卫青长大成人后，就在卫子夫原来的主人、也是他母亲卫媪的主人——平阳侯家里当骑兵。他服侍的不是别人，正是卫子夫的大恩人平阳公主。后来平阳侯死了，在汉武帝主持和左右的提议下，平阳公主索性就嫁给了已经是大将军的卫青。这样一来，原来因为卫子夫嫁给汉武帝，卫青应该称汉武帝为姐夫。结果，汉武帝的姐姐反过来又嫁给了卫青，卫青倒成了汉武帝的姐夫了。这些关系再继续深究下去，那真是够热闹的！

可见得当时的社会风气，与后世是绝对不同的，女人改嫁甚至重婚似乎不是什么了不得的大事，而私生子也没什么见不得人的。一个歌女可以升为皇后，堂堂侯门夫人也可下嫁给自己家奴的私生子。不论同母异父，还是同父异母在地位上没什么大的差别。那个同为私生子的霍去病，后来在战场上得意之后，得知自己的父亲是谁，也赶快接来奉养。并且把他父亲正妻所生的弟弟霍光带到长安加以栽培，这也是一例。

这么说来，司马迁是不是故意揭疮疤，故意使汉武帝、卫、霍等人难堪，这就非常明显了。当事人根本不认为是疮疤而加以揭露，这只是报道，一个事实的报道。这是他作为史学家的责任，也是他作为大史学家的可贵之处。

元朔二年（前127，司马迁十九岁），那块秦末楚汉相争时被匈奴冒顿单于（冒顿是始的意思，冒顿单于即始皇帝，可能抄袭秦始皇的称号）夺回去的河南地，又被卫青所率领的军队夺回来了。所谓河南地，也就是河套或鄂尔多斯高原。这个地方可以说是汉、匈强弱的测定计，得者为强，失者则为弱。河南地的夺回显示连续六七十年以来匈强汉弱的形势已经扭转了。

十九岁的司马迁当然会被国家兴盛而带来的生气勃勃的气氛所感染。他的学习生涯，在这一年前后也有所改变，这个改变是因为他父亲司马谈的关系。司马谈为太史令，太史令的上司就是九卿之一的太常，当时担任太常的是孔臧。孔臧的堂弟就是汉代大儒，孔子的十二世孙孔安国，是个古文专家。鲁王因为修建房子，无意间在孔子旧宅墙壁中发

孔安国

现的《古文尚书》及《论语》《孝经》等，就是由他以当时的“今文”读写出来的。这批古文书籍在司马迁四五十岁时的天汉年间，才被献给政府，这个时候仍属孔家私人的东西。

这时候孔安国是侍中。侍中是一种加官，加官就是在原正规官职以外另加的官名，有侍中、左右曹、给事中等。加了这些官名的官员，就有出入宫内的权利，可经常在皇帝左右。其中以加“侍中”的最为尊贵。

或许就是因为孔安国为侍中，经常在宫中行走，加上他堂哥就是司马谈的顶头上司，所以孔家与司马家非常熟，司马迁也因此“得从安国那里见到了孔家所独传的历史宝典古文《尚书》了”（钱穆语）。同时，在京城，司马迁又结识了当时最著名的经学大儒董仲舒。董仲舒与孔安国相反，他是一位今文学专家，尤其精通《公羊》《春秋》。据司马迁自己说，他创作《史记》的精神和义法，就是得到了董仲舒的启示。《史记》最后一卷《太史公自序》所谓“余闻董生曰”的“董生”，就是指董仲舒。生，就是先生，称他为先生，即表示司马迁以后学自居，对他是相当地尊敬。

背景知识

孔安国

孔安国（约前 165 至前 74），字子国，孔子第十一代孙（《经典序录》作第十二世孙，此据《史记》），西汉时期著名的经学家。约自汉景帝元年至昭帝末年间在世，跟随申公学《诗》，拜伏生为师学习《尚书》。汉武帝的时候，官做谏大夫，后当上了临淮太守。汉武帝末年，鲁共王拆坏了孔子旧宅，在旧宅的墙壁中发现了《古文尚书》《礼记》《论语》及《孝经》，当时的人都不认识，只有孔安国认识。他就以今文把《古文尚书》读写出来，又奉皇帝诏令为书作传，于是定为五十八篇，称为《古文尚书》，又著《古文孝经传》《论语训解》等。

东南大游历

十九岁以前，司马迁尝到了国家对外作战初次获得胜利的兴奋和喜悦，也得到了和当时的鸿儒学习讨教的机会。因此，进入成年的司马迁，已经拥有了大国臣民的胸怀。这时的他，纯然是个盛世的娇儿，拥有浪漫的个性，使他对普天之下的祖国山河深为向往，并且早已幻想神游其中了。

终于，二十岁的时候，他展开了一次走遍半个中国的游历。这次游历的动机，不十分清楚，是单独一个人，还是成群结队，也没有记录可查。但有一点却是可以确定的，就是这一次大游历，对他日后完成《史记》有相当大的帮助。后面将会说到，每个地方都有《史记》的影子，好比一个接一个的镜头在眼前闪过。难怪有人推测这次游历是奉了他父亲的指示，到东、南各地搜集史料去的。

关于其中经过，《史记·太史公自序》只用了五十一个字，

淮阴风光

《汉书·司马迁传》只用了四十九个字简单叙述。不过，《史记》的其他卷帙里，也常提到这次游历的所见所闻，若重新加以排比，大概也可以连成一系列的画面，同时可以看到一些他的思想痕迹。

那些五十一或四十九个字的叙述，只记述他游历的路线，大体是从首都到东南江淮、浙江一带，而后是沿长江下游而上溯到湖南，再转到山东，最后经河南回陕西。

首先说第一站，江淮，现在是指今江苏省和安徽省北部一带。他来到淮阴侯韩信的故乡，故城在今江苏北部淮阴县南边。司马迁在那里专访了当地的老人，向他们询问韩信早年贫困时的种种情况。《史记·淮阴侯列传》大约在这次旅行中就有了腹稿。他在这篇传记的最后说，他到淮阴的时候，淮阴人曾经告诉过他，韩信在早年仍是个贫困平民的时候，志气就与众不同了。他母亲死的时候，他穷得没法为母亲办丧事，可是坟墓却要筑得高高的，而且占地要大，大到墓旁足够建造万家人住的房子。司马迁听了，还特地去参观了那个大墓地。果然如家乡人所说的那般大。他写道："余视其母冢，良然!"

韩 信

司马迁一向同情悲情的英雄，在这篇列传里，开头不久，以萧何追赶韩信并向刘邦大力推荐："若想要争天下，则除了韩信，没有第二个人值得邀请加入的了。"以突出韩信的地位。然后描写几次战役，生动地展现出韩信的军事天才。后来则以"狡兔死，良狗烹"的话，指出韩信最后的下场。末了的"太史公曰"，又很同情而无可奈何地说：假如韩信学学老庄之道，不要称说自己的功劳大，不要夸奖自己的才能高，则他对汉朝的功劳，几乎可以比得上周公、召公、太公，而让后世供奉。又说："而天下已集，用谋叛逆，夷灭宗族（韩信最后被夷灭三族），不亦宜乎?"

司马迁最后这句话，究竟是什么意思，曾经引起过很多争论。其中有一种说法被大多数人所接受，说司马迁这句话的意思是："既然天下已经要一统了，韩信为什么还要在这种不是造反的时候造起反来？而当他造反以后就灭了他三族，岂是有心肝的人做得出来的?"一方面说韩信，一方面怪高祖及吕后心肠之狠，对这么一位开国大功臣施行那么残酷的刑罚。

另一种说法也有道理，说所谓“天下已集，乃谋叛逆”的“乃”字，是“方才”的意思。整句话的意思是说：“天下都已经要一统了，才起来造反（不是太慢了吗）。那么，因此而被夷三族，岂不是应该的吗?”

后一种说法可以在这篇列传中找到一处呼应，就是司马迁用了全篇大约十分之一的字数写齐国人蒯通为韩信看相，说：“相君之面，不过封侯，又危（而）不安。相君之背，贵乃不可言。”劝韩信趁早独立，与刘邦、项羽三分天下，然后成就大事。可是韩信“独豫不忍背（叛）汉，又自以为功多，汉终不夺我齐（时韩信为齐王）”。蒯通眼看劝他不动，只好装疯离开了他。最后，韩信被吕后下令斩首时还说：“吾悔不用蒯通之计。”

由这段叙述的大意可见“乃谋叛逆”解释作“到这个时候才起来造反”似乎是前后呼应。这么说来，司马迁是认为韩信太委屈了，他简直可以取代刘邦成为皇帝。当日在刘邦面前拼命推荐韩信的是萧何，而最后参与诱杀韩信的也是萧何。所以司马迁不忘记上一笔：“吕后欲召，恐其党不就，乃与萧相国谋。”

这个东南游的第一站，司马迁在感慨、叹息中离去。他往南走，到了现在浙江绍兴东南方十三里的会稽山。在没到会稽山之前，他曾经参观了战国时代四大公子之一、楚国春申君的故城宫室。

在春申君的时代，楚国的疆域已经扩展到沿海江浙一带，而且它的首都曾设在今安徽寿县。传说黄浦江就是他开凿的，今上海附近就是他的封邑，上海北门外有“春申君祠”，上海简称

"申"就和春申君有很大的关系。照司马迁的路线来看，他参观的春中君的故城宫室，大概就在现在的上海一带。他赞叹道："盛矣哉!"可见他去的时候，那个故城还依然存在。

背景知识

春申君

春申君（？—前238）本名黄歇，战国时期著名的四公子之一，曾任楚相。黄歇游学博闻，善辩。楚考烈王元年，以黄歇为相，封为春申君，并赐给了他淮北的十二个县。

黄歇年轻的时候曾四处拜师游学，见识广博，以辩才深得楚顷襄王的赏识。于是公元前272年，楚顷襄王派遣辩才出众的黄歇出使秦国。当时秦昭王派遣白起进攻韩国和魏国的联军，在华阳大败他们，擒获魏国将领芒卯，韩国和魏国只好向秦国臣服。秦昭王已命令白起同韩国、魏国一起进攻楚国，正准备出发。这时，黄歇恰巧来到秦国，听到秦国这个计划。黄歇于是上书劝秦昭王说，秦国和楚国是最强大的两个国家，如果秦国欲攻打楚国，必然会导致两败俱伤，很容易使韩、赵、魏、齐等国家得渔翁之利。这还不如让秦国和楚国结盟，然

春申君

后联合起来一起对付其他国家。秦昭王被黄歇成功说服，于是阻止了白起出征，派使臣给楚国送去厚礼，与楚国缔结盟约，互为友好国家。

黄歇回到楚国三个月，楚顷襄王去世，熊完即位，称为楚考烈王。楚考烈王元年（前262），黄歇被楚考烈王任命为楚国令尹，封为春申君，赐给淮北十二个县的封地。十五年后，由于与齐国相邻的淮北经常发生战事，黄歇请求楚考烈王把自己淮北十二个县的封地换到江东，楚考烈王答应了黄歇的要求。

公元前256年，楚考烈王派遣黄歇向北征伐鲁国，次年黄歇灭掉鲁国，任命荀况为兰陵（今山东苍山）县令。通过援赵灭鲁，黄歇在诸侯中的威望大增，也使楚国重新兴盛强大。

春申君黄歇在对外穷兵黩武的同时，对内则和齐国的孟尝君、赵国的平原君、魏国的信陵君竞相礼贤下士，招引门客，最高峰时，黄歇有门客三千多人，其数量在“战国四公子”中居于首位。黄歇的门客多逞强好斗，奢侈浮华。有一次，赵国的平原君派门客拜访春申君，春申君把他们安排在上等的客馆住下。平原君的门客想向楚国夸耀赵国的富有，他们特意在头上插上玳瑁簪子，亮出装饰着珍珠宝玉的剑鞘，前去拜见春申君，而春申君的上等门客都穿着宝珠做的鞋子，让平原君的门客自惭形秽。

公元前256年，秦国灭掉西周国，同年，寄居在西周国的周赧王死去，作为天子之国的周朝不复存在了。公元前249年，秦国秦庄襄王即位，任命吕不韦为丞相，又带兵灭掉东周国。公元前242年，各诸侯国担忧秦国吞并中原的势头不能得到遏制，于是互相订立盟约，联合起来讨伐秦国，并让楚考烈王担任六国盟约的首脑，让春申君当权主事。六国组成合纵联军，由黄歇任命庞暖为联军主帅，六国联军曾一度攻到函谷关（今河南灵宝境内），秦国倾全国的兵力出关应战，六国联军战败而逃。楚考烈王把作战失利的罪责归于春申君，从此开始冷落黄歇。

公元前238年，楚考烈王病重，当时楚国的国舅李园想取代黄歇的地位，于是暗中豢养了刺客准备刺杀黄歇。黄歇的门客朱英得到了这个消息，提醒黄歇注意李园的动向，但黄歇没有理会朱英的警告。不久，楚考烈王去世，李园抢先进入王宫，在棘门埋伏下刺客。春申君前去王宫奔丧，在棘门受到李园刺客的伏击，当即被斩头扔在棘门外。同时，李园派官兵前去春申君的家中，将春申君的家人满门抄斩。同年，熊悍继位，是为楚幽王，李园取代黄歇，被任命为楚国令尹。

在会稽山，司马迁首先去看了“禹穴”，这是一个山洞，据说大禹曾经进去过。而会稽山是当年大禹会见天下诸侯的地方，山上有禹王庙，山下有大禹陵墓。又据说会稽山原名茅山，是大禹改的名字，理由是他会诸侯在此地计算各国的赋税，而会稽就是“会计”。

除了大禹会诸侯以外，大禹的后代越王勾践也曾在这里卧薪尝胆。司马迁在写作《越王勾践世家》时，他在这里听到的一些流传中的故事，有可能成为创作《史记》的重要素材。

至于会稽山的北面，即太湖一带，当年是吴王夫差的故地，司马迁也可能前去探访过。他回到都城长安后，把那些材料编成了春秋末年吴越争霸的文字。

背景知识

大禹陵

大禹陵是我国古代治水英雄、开国圣君——大禹的葬地，位于绍兴市东南郊会稽山麓，为国家级重点文物保护单位，全国百家爱国主义教育基地之一，是我国东南的一大名胜古迹。

据文献记载：尧舜时代，洪水泛滥，人民深受其害，禹受命治水，“八年于外，三过家门而不入”，苦心劳身，历尽艰辛，终于治平洪水；继而大会诸侯于会稽，计功封赏。禹死后葬于会稽山，禹子启即位后，每年春秋派人祭禹，并在南山上建了宗庙；禹的五世孙少康即位，派庶子无余到会稽守禹冢，并建祠定居。现在禹陵附近的禹陵村住户多为姒姓，就是禹的后代，如今已传至一百四十四世。

大禹陵景区由禹陵、禹祠、禹庙三大建筑组成。从石构牌坊

禹王庙

进入神道，两旁陈列着五对神兽，过禹贡桥、青石棂星门，拾级而上，越百米甬道，便到达大禹陵碑亭。碑上所镌“大禹陵”三字为明朝绍兴知府南大吉所书，笔力遒劲，气势不凡。

大禹陵左侧是禹祠，祠前一泓碧水，名曰“放生池”，园内有一千年古井——禹井。禹陵右侧为禹庙，是一组宫殿式建筑群，自南而北依次是照壁、岣嵝碑亭、午门、拜厅、大殿，配以窆石亭、宰牲房、菲饮泉等景点，依山傍水，气势恢宏，景色秀丽。

卧薪尝胆

公元前496年，吴王阖闾派兵攻打越国，但被越国击败，阖闾也伤重身亡。两年后，阖闾的儿子夫差率兵击败越国，越王勾践被押送到吴国做奴隶。勾践忍辱负重伺候吴王三年后，夫差才对他消除戒心并把他送回越国。

其实勾践并没有放弃复仇的决心，他表面上对吴王服从，暗中却训练精兵，强政励治并等待时机反击吴国。艰苦能锻炼意志，安逸反而会消磨意志。勾践害怕自己会贪图眼前的安逸，消磨报仇雪耻的意志，所以他为自己安排艰苦的生活环境。他晚上睡觉不用褥，只铺些柴草（薪），又在屋里挂了一个苦胆，他不时会尝尝苦胆的味道，为的就是不忘过去的耻辱。

勾践为鼓励民众，就和王后与人民一起参与劳动，在越人同心协力之下，越国强大了起来，最后抓住时机，灭掉了吴国。

吴越争霸

大国争霸是春秋时代的显著特征。在齐桓公首霸之后，晋、楚两国相继而起，逐鹿中原，争当盟主，但终因旗鼓相当，在春秋中叶以后出现并霸的局面。在这样的形势下，晋景公采纳申公巫臣的意见，开始联合吴国，企图利用吴国牵制楚国的右翼，使楚国不能腾出手来招架晋国，从而谋利。

吴国偏居东南沿海地区，与越国为邻，有断发文身之俗。严格地说，它还不能算是一个国家，只是一个部落群体。在中原列国眼里，吴是一个经济、文化十分落后的蛮夷之国。公元前584年，晋景公派申公巫臣到吴国传授车战射御的技术，并唆使吴国背叛楚国。于是吴国不断侵伐楚国，又攻打巢、徐等吴楚之间的小国，弄得楚国忙于应战，疲于奔命。在晋国的扶植下，吴国的

吴王阖闾

军事力量发展得很快，国土日益扩展，声望日益提高。中原诸侯国家和吴国开始建立了联系。公元前522年，伍子胥从楚国逃到吴国，做了相国。他教给吴王阖闾“安君治民，兴霸成王”之道，使吴国由极为落后的蛮夷之邦，一跃而成为军事强国。

越国是古代越族建立的国家。传说其先祖乃大禹的后裔，被封于会稽（今浙江绍兴），历二十余世而至允常。公元前510年，吴王阖闾攻越，正是允常在位时。吴王阖闾攻占楚国郢都后，庆功作乐，流连忘返，国内很空虚，越王允常乘机袭击吴国。吴王阖闾之弟夫概也悄悄溜回吴国，自立为王。恰巧这时，楚大夫申包胥哭秦庭七日，求来救兵，吴王阖闾被迫跟楚国讲和，匆忙回师，赶跑夫概，保住王位，而楚国也侥幸复国。楚昭王接受了痛苦的教训，开始励精图治。为了解除吴国对楚国的威胁，他采取联越制吴的策略。

吴王阖闾决心攻打越国。公元前496年越王允常死，其子勾践继位，吴国起兵攻越。吴越两军战于槜李（今浙江嘉兴南），吴国的军队阵列整齐强大，越王勾践派敢死队冲锋失败，就改用罪人在阵前集体自杀，吸引吴军的注意力，然后突袭吴军，越将灵姑浮挥戈刺伤吴王阖闾，吴军败退，阖闾死于途中，其子夫差继位。夫差派专人侍立宫门，每逢夫差出入，便发问：“夫差，越王杀害你父亲的仇恨你忘掉了吗?”夫差则回答：“是，不敢忘!”过了两年，吴国出动精兵攻打越国。夫椒（古山名，在今江苏吴县西南太湖中）一战，越军大败。

越王勾践忍辱图存，厚赂吴王夫差的宠臣伯嚭，向吴王求和，吴王夫差终于允许求和。

公元前482年，吴王夫差通知中原诸侯到黄池（今河南封丘县西南）开会。黄池之会使吴国达到了北上称霸的目的，但也标志着吴国霸业的终结。就在吴王夫差参加黄池之会的时候，越王勾践率兵攻进吴都，俘虏了太子友。公元前478年，越国再次进攻吴国，吴国大败。公元前473年，越军第三次大规模进攻吴国，终于将吴国灭掉。

这时，越国已成为地跨江、淮的东方大国。越王勾践率领军队北渡淮河，在徐州（今山东滕县）与齐、宋、晋、鲁等国诸侯会盟。各国都听越的号令。周元王正式派人赐给勾践祭肉，命他为霸主。此后，勾践为长期称霸中原，迁都琅琊（今山东诸城县）。直到战国中期，越国才被楚国打败。

追溯屈原、贾谊

离开了会稽山的大禹陵墓，司马迁沿着长江逆流而上到了今湖南南部、湘江上游的九疑山（宁远县之南六十里）。这里是大舜陵墓的所在地。《史记·五帝本纪》这样写道：

（舜）南巡狩，崩于苍梧之野，葬于江南九疑，是为零陵。

从湘江顺流北上就可以到达洞庭湖畔的长沙。长沙的北面，

舜　陵

在今湘阴县北边，就是楚国屈原怀石自沉的汨罗江，《水经注》称它为“汨罗洲”，又叫作“屈潭”，它是汨水和罗水合流之处。这是一个令人容易伤感掉泪的地方。司马迁后来在《屈原贾生列传》中这样写道：我曾经读屈原的《离骚》《天问》《招魂》《哀郢》而感动悲伤。后来，我到了长沙，看到屈原自沉的汨罗洲，未尝不垂涕，想见其为人！

在前面已经说过，司马迁对弱小者和失败者充满了同情之心。这主要源于他丰富的感情，而这感情经常可以在他书中体现出来。整部《史记》常常可以看到“余每……未尝不流涕也”“观……未尝不垂涕”“未尝不废书而叹也”之类的话。或许，丰富的感情和对弱小的同情心，也是一个史家应该具备的条件吧！丰富的感情，使他爱人类，关心人类，而后去注意人类的活动，并细心地观察加以记录；对弱小的同情心，则使他的注意力不被炫耀眼目的成功的人与事所强占，而让视角扩大到弱者、失败者一群，使这些弱者、失败者能被人们所知道。

这篇列传除了写屈原之外，司马迁把贾谊也写了进去，变成了屈原贾谊两人的合传。在转接处，他这样写道：自屈原沉汨罗后百有余年，汉有贾生，为长沙王太傅，过湘水，投书以涕屈原。为什么把两个相隔一百四五十年的人合并在一篇传里呢？

汨罗江风景

根据近代人的研究，屈原大约生于公元前343年，他是南方富于浪漫气息的楚国的贵族及诗人。司马迁说他早年“入则与国王议国事，以出号令；出则接遇宾客，应对诸侯”。而这时他的年龄只有二十五六岁，由于少年得志，招致了一批人的妒忌。在楚怀王面前说他气焰太猖，并多方加以陷害，终于使楚怀王渐渐地疏远他了。

当时距秦始皇一统天下不过半个世纪左右，战国群雄中以秦、楚、齐最强，正是张仪、苏秦的“合纵连横”策略在各国之间风行的时候。楚国内部有亲秦派和亲齐派，以屈原的浪漫诗人个性来说，自然与爱谈神仙的齐国文明较能契合。他是个亲齐派，把强大的秦国当作虎狼一样看待。他的被排挤、陷害，也可以显示出亲秦派占了上风。于是他由于被疏远而最终丢弃了官职。

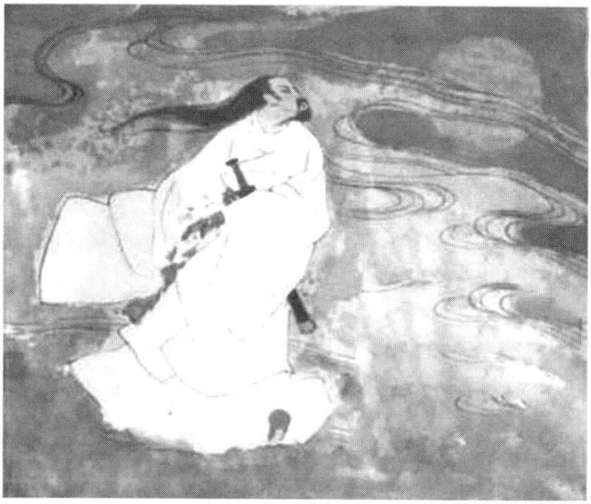

屈原投江图

在这期间，楚怀王这个没有见识的昏君，竟然闹出了一个大笑话。秦惠王想攻打齐国，打算先说服楚国，使它不至于和齐国联合。秦国不动兵刃，只派了张仪来对楚怀王说，只要楚与齐断绝关系，不要打扰他秦国的大事，秦国愿意献六百里的土地给楚国。楚怀王竟然相信了，痛痛快快地与齐国断绝了关系，然后欢天喜地地派使臣去向秦国索取六百里的土地。没想到，张仪却不慌不忙地说："仪与王约六里，不关六百里。"于是"楚使怒去"。

六百里变成六里，秦、楚关系马上又僵化起来。亲秦派当然脸上无光，屈原也因此有机会再次回到朝中。这时他大约三十二岁。他这次被复用，获得了楚怀王的几年信任，还曾经被任命为使者到齐国去。但亲秦派并未因此沉寂下来，他们又促成了秦、楚联姻。秦惠王之后的秦昭王特来邀请他的亲家楚怀王到秦国去会面，屈原劝说："秦，虎狼之国，不如毋行!"楚怀王不听，浩浩荡荡地北入虎口。屈原因为这件事也被流放到汉北，不久，楚怀王"死于秦而归葬"。这时屈原大约四十五岁。

秦、楚绝交，屈原又有机会回朝。可是不到三年，亲秦派又恢复了影响力，楚怀王之后的楚顷襄王又与秦修好，可怜的屈原被二度流放到外面去了！

又过了七八年，屈原大约五十五岁的时候，司马迁说他“颜色憔悴，形容枯槁”，来到汨罗江旁“披发行吟”。他感慨地对渔翁说：“举世混浊，而我独清；众人皆醉，而我独醒!”并表示他看破一切，“宁赴常流，而葬乎江鱼腹中”。然后他作《怀沙》之赋（怀着沙石，增加重量，准备自沉江底，所以叫怀沙），跳进汨罗江自杀了。

这个投江的场面，司马迁写来凄切动人。文中渔翁劝屈原说，既然是举世混浊，干脆就“随其流而扬其波”算了。屈原说：“吾闻之，新沐者（刚洗完头发的人）必弹其冠（把帽子弹干净再戴）；新浴者（刚洗完澡的人），必振衣（把衣服抖干净再穿）。人又谁能以身之察察，受物之汶汶者乎（谁又能让自己干净的身子，去接触肮脏的东西呢）?”读来确实令人心酸！而这一段，很可能就是司马迁在这次旅行到汨罗江畔所听到的，对他讲述的人也很可能就是江边的渔夫。

贾　谊

在这里思屈原、吊屈原，使他想起只比他早三四十年站在同一个地方、望着江水长叹并写《吊屈原赋》的洛阳少年贾谊。

他也是少年得志，后来却被谗言所排挤，也是擅长写辞赋。他的吊屈原，好比是对自己心灵的呼唤，是对共同体验的抒发。

贾谊，洛阳人，出生于汉高祖七年（前200）。他最得意的时候是在二十岁出头的那几年，并且他十八岁就已经很出名。最先起用他的是河南郡太守吴公（名字失传），后来吴公因为治绩优良被升为廷尉（掌管司法刑狱），顺便把贾谊这个“年少，颇通诸子百家之书”的青年，推荐给了汉文帝。汉文帝挺识人的，马上任命他为博士。博士这个职位在汉文帝时代仍是等于执牌的顾问，各家各派都有。而能当上博士的，可以想像大部分都是些中老学者。贾谊是最年轻的一个，可是却出尽了风头。

司马迁说他“诸老先生未能言，谊尽为之对”。汉文帝非常欣赏他，一年之内就让他跳级升到了中大夫（汉朝的爵位：公、卿、大夫、士。大夫又分上、中、下三等），后来甚至要把他提升到公卿的地位，结果引来了汉初那批保守的元老集团的嫉妒，骂他“专欲擅权，粉乱诸事”，是洛阳来的小流氓、小混混！汉文帝之所以能当上皇帝，正是因为那批元老功臣集团，在铲除吕后势力后所协议安排的，汉文帝又怎么敢得罪他们？只好把贾谊调离中央，外放去做长沙王的太傅（太师、太傅、太保合称三师，地位尊贵但无实权，是皇帝的顾问，位在丞相、太尉、御史大夫三公之上，所以又称上公。太傅是吕后时才开始设置的。贾谊担任的是诸侯王国的太傅）。大约四五年后，汉文帝曾经把他召回长安相见，但仍然不敢把他安置在自己身边，而是派他为梁怀王的太傅。

又过了几年，梁怀王骑马不慎掉下来摔死了，贾谊为这件事哭泣了一年多，也跟着死了，当时他只有三十三岁。从他初见汉文帝、崭露头角，到他郁郁而终，总计共十年左右时间。在这十年当中，他为后世留下有五十多篇政论文章，最著名的就是那篇掷地有声的《治安策》。这篇文章一开头就说："臣窃惟事势，可为痛哭者一，可为流涕者二，可为长太息者六，若其他背理而伤道者，难遍以疏举。"他所说的时事中，坏到令人痛哭的，就是"封建诸侯"的问题。当年汉高祖为了顾及社会普遍憎恶秦朝的恶梦式生活，怀念战国时代的种种形势，从而承认封建诸侯，与郡县制并行。贾谊则认为这必定是个乱源，他主张"众建诸侯而少其力"的温和改革办法。其余的问题包括匈奴问题，他主张去除"恐匈"的心理，改变为强硬政策；又主张要注重太子教育，因为太子是将来治理天下的主人；主张要礼遇大臣，不可让大臣任意受到刑戮，大臣若真犯了大罪，也只可命他北面而拜，跪而自杀，不可让他受狱吏的凌辱；还主张要纠正秦朝重法所遗留下的风俗，恢复华夏传统的文化形态。

贾谊的这一套治国理想，被认为是"开国之盛音，创建之灵魂，汉代精神之源泉"。让他与汉高祖刘邦并列，说刘邦是材质上的开国（材质的含义，是说以力取、以气制胜），而贾谊则是精神或理想上的开国。

考察贾谊死后的汉代政治情形，可以说无一不符合他所说的理想和方针。汉朝因危机四伏的封建、郡县并行制度而爆发七国之乱，可以说是因为没有采用他的众建诸侯的温和办法而采用"削地"政策所导致的后果。不过，他说的"少其力"的目标仍然在七国之乱后达成；他的对匈奴强硬主张在汉武帝时代得到贯彻；他的重视太子教育，到汉武帝时代演进成除了太子教育外，还设立博士弟子员，普遍重视全国青年教育的政策；他的移风易俗呼声，演变成董仲舒的文化复古运动。

这样一位才气横溢的青年政论家，对于身处盛世，而处在正是当年贾谊初露头角的年龄的司马迁来说，自是一心地对他尊崇。司马迁是爱才、惜才的，或许他的容易伤感也是来自这种“爱”和这种“惜”。他把贾谊、屈原这两位同样有才能，而遭遇同样命运的天才，打破时空距离而排放在同一篇列传内，似乎唯有这样才足够显示出他们的怆凉，也唯有这样才足够表达出自己内心的感慨！

与屈原的《怀沙之赋》相对的，司马迁录入了贾谊的《鹏鸟赋》。鹏鸟是一种无法远飞的鸟，当时长沙人传说这种鸟是凶物，飞入哪家，哪家人就要死。贾谊被排挤到长沙后，有一天飞来一双鹏鸟，于是“自以为寿不得长”，而作《鹏鸟赋》以作为看破生死荣辱的自我安慰。他引用老子的话“祸兮福之所倚，福兮祸之所伏”，又说“命不可说兮，孰知其极”，“化为异物（死而化为鬼）兮，又何足患”？果然，没几年，贾谊就死在“怀王太傅”任期内，真是命中注定的吗？

如果说，这篇《屈原贾生列传》与日后司马迁遭受残酷刑罚的心境有关的话，那这就是发泄司马迁对人世苍凉的感慨。此外，也许就是学贾谊，拿《鹏鸟赋》来表明自己对人世沧桑的强作平静的态度吧！

背景知识

屈　原

屈原（约前 340—前 278），汉族，芈姓屈氏，名平，字原；又自云名正则，字灵均。中国战国末期楚国丹阳（今湖北秭归，新考古发现可能实际为龙阳，今湖南汉寿）人，楚武王熊通之子屈瑕的后代。

屈原是中国古代最伟大的浪漫主义诗人之一，也是我国已知最早的著名诗人和伟大的政治家。他创立了“楚辞”这种文体。《离骚》《九章》《九歌》《天问》是屈原最主要的代表作。后世所见屈原作品，皆出自西汉刘向辑集的《楚辞》。这部书主要是屈原的作品，其中有《离骚》一篇，《九歌》十一篇，《天问》一篇等。

屈原早年受楚怀王信任，任左徒、三间大夫，常与楚怀王商议国事，参与法律的制定，主张彰明法度，举贤任能，改革政治，联齐抗秦。同时主持外交事务。主张楚国与齐国联合，共同抗衡秦国。在屈原的努力下，楚国国力有所增强。但由于自身性格耿直加之他人谗言与排挤，屈原逐渐被楚怀王疏远。公元前305年，屈原反对楚怀王与秦国订立黄棘之盟，但是楚国还是彻底投入了秦的怀抱，使得屈原也被楚怀王逐出郢都，流落到汉北。屈原被逐出郢都，流放期间，屈原感到心中郁闷，开始文学创作，在作品中洋溢着对楚地楚风的眷恋和为民报国的热情。其作品文字华丽，想象奇特，比喻新奇，内涵深刻，成为中国文学的起源之一。公元前278年，秦国大将白起挥兵南下，攻破了郢都，屈原在绝望和悲愤之下怀抱沙石投汨罗江而死。传说当地百姓投下粽子喂鱼以此防止屈原遗体被鱼所食，后来逐渐形成一种仪式和风俗。以后每年的农历五月初五为端午节，人们吃粽子、划龙舟以纪念这位伟大的爱国诗人。1953年是屈原逝世两千二百三十周年，世界和平理事会通过决议确定屈原为当年纪念的世界四位文化名人之一。

楚怀王

楚怀王，芈姓，熊氏，名槐，公元前328年—公元前299年在位。他在位时，贪令智昏，任用佞臣令尹子兰、上官大夫靳尚，宠爱南后郑袖，排斥左徒大夫屈原，致使国事日非。公元前313年，秦国张仪欺骗楚怀王只要他断绝与齐国的关系，秦国愿意割让六百里的土地给楚国。楚怀王中计，与齐国断交后只得到六里土地。楚怀王恼怒不已，发兵进攻秦国，被魏章大破于丹阳；楚怀王再召集全国的部队，发动进攻，再次惨败于蓝田；随后在公元前311年秦国攻取召陵。楚国三次都战败了，从此走向没落的道路。

公元前299年，秦国攻占了楚国八座城池，秦昭襄王约楚怀王在武关会面。楚怀王不听昭睢、屈原劝告，决定前往武关，结果被秦国扣留，秦王胁迫楚怀王割地，楚怀王不肯。楚怀王被扣留期间，楚人立太子为王，是为楚顷襄王。公元前297年，楚怀王逃走，秦人封锁通往楚地的道路，楚怀王逃到赵境，赵国不敢收留他，楚怀王企图逃往魏国，但被秦国追兵捉回。公元前296年，楚怀王在秦国病逝，秦国把遗体送还楚国，“楚人皆怜之，如悲亲戚”。公元前278年，秦国大将白起带兵南下，攻破了楚国国都，屈原也在同年五月五日这天投汨罗江自杀，这是端午节的由来。

寻访孔子、刘邦的故乡

按照《史记·太史公自序》及《汉书·司马迁传》的记载，司马迁从江浙一带到两湖盆地以后又转向山东，这个路线在地图上看来似乎有些怪。不过，在还没有确切的证据考查出更合理的先后顺序之前，还是跟着这个唯一的记录，离开怆凉的汨罗江，来到另一个失意的但也是令人崇拜的、伟大的人物——孔子的故乡。

这时候，距离尊崇黄老的窦太后死后及汉武帝采用董仲舒的“罢黜百家、独尊儒术”建议以来，大约已有十年的时间了。崇儒风气当然已经吹遍了全国，这个孔子的诞生地自然有一番兴旺的景象。

司马迁来到这里做了一些什么呢？他说他到鲁国，“观仲尼庙堂、车服、礼器，诸生以时习礼其家，余低回留之，不能去云”。他是亲身去接触孔子在文化教

孔子庙

育上所遗留下来的种种具体遗迹，深深去体会儒家教化的遗风，并且徘徊不去。

他对孔子是崇拜的。他接着说：

> 天下君王，（以）至于贤人，众矣！当时则来，没则已焉。孔子布衣，传十余世，学者宗之，自天子王侯、中国言六艺者宗乎夫子，可谓至圣矣！

可是崇拜并不表示全部思想的皈依。后世对他究竟是重黄老还是重孔孟，争论不休。前面已说过，这是个见仁见智的问题，《汉书》作者班固在《司马迁传》的末了评论道：“其是非颇缪于圣人，论大道则先黄老而后六经。”可是司马迁所定的《史记》体裁，采取西周以来封建诸侯的国别史的名称《世家》来记述诸侯的事情。孔子是平民，他却把孔子列入诸侯的行列作了《孔子世家》。关于老子，则只归到记述名人传记的《列传》而作《老子韩非列传》，显然在编配上又变成尊孔抑老。站在传记的立场，由司马迁的生存时空及生活体验来看，我们只能说：他具有浪漫的性格，他的家庭教育（来自他父亲）使他保有他父亲的黄老思想的遗风，但他所处的时代使他浸润在孔子的遗风当中，而这个时代的孔子遗风，又是个具备“杂家”色彩的儒风。

山东除了鲁国，另外还有靠海边的齐国。游完齐、鲁后，如同孔子遭遇的“陈蔡之厄”，司马迁也遇到“困厄于鄱薛，彭城”，如何被困厄并没有详细地记载，只在《孟尝君列传》中说：我曾到过薛（在今山东南部滕县的西南方），当地的风俗与邻（孟子故乡）鲁不同，都比较粗暴。我问人是什么原因，他们说是因为当年孟尝君喜欢养士，以致招来一些任侠奸人之类的到薛城来，恐怕有六万多户吧。所以，世人传说孟尝君好客，实在是名不虚传啊！

西楚霸王项羽画像

彭城就是现在的徐州，是当年西楚霸王项羽所统辖的楚国的首都。在彭城的东边，今江苏北部的宿迁县西，就是项羽的故乡下相。彭城的西北边则是刘邦及萧何、曹参、周勃等汉朝开国功臣集团的故乡沛县（故城在今江苏北部沛县的东面）。彭城的东北方，正是当年张良椎击秦始皇不中而藏匿的地点下邳（故城在今江苏北部邳县的东面）。张良在这里遇到圯上老人黄石公（圯是当地人的土语，就是桥的意思），黄石公在这里授给他《太公兵法》。可以说汉初的主要人物全部齐聚在彭城附近。所以这一段旅程虽然遭到困厄，但给司马迁的灵感应该也很多。

首先说项羽与彭城。项羽曾在此创造过一次以寡胜多的奇迹。他只用三万精兵，就把刘邦的五十六万大军打得落花流水。虽然项羽最后失败了，但司马迁对他还是相当敬佩的。他把这位失败英雄，放在帝王的地位，为他写了《项羽本纪》。他说项羽“分裂天下而封王侯，政由羽出，号为霸王，位虽不终，近古以来未尝有也”。

如果这次旅行，在时间上说，与他敬佩推崇项羽有什么关联的话，也许就是项羽的青年气势吧！项羽刚开始起义的时候不过是个二十四岁的青年，在乌江自杀时也不过三十一岁。相对地，刘邦已是五六十岁的老人了。当时二十岁出头的司马迁对项羽自然有一种年龄上的亲切感。当然这不是他敬佩项羽的主要原因，最主要的，仍要归于他的同情心。

在司马迁的笔下，项羽似乎比刘邦要来得有英雄气概，而刘邦则充满了无赖气息。

《项羽本纪》一开始就指出“项氏世世为楚将，封于项，故姓项氏”，是说项羽的勇猛善战是有家世渊源的。然后说他的志气“少时学书不成，去学剑，又不成”，项羽自己解释是因为“书足以记名姓而已，剑一人敌，不足学，（要）学万人敌”，于是学兵法。他看到秦始皇出游的队伍就说“彼可取而代之也”。后来挥军救赵的巨鹿之战，写他破釜沉舟，大破秦军。项羽胜利后，得意地召见原来在旁观看不敢参战的诸侯军将领，那些将领一个个吓得“无不膝行而前，莫敢仰视”。即使是项羽最后败亡的垓下（今安徽灵壁县东南）之战，司马迁也把他塑造成一个悲壮的英雄：汉军以数千骑追他仅存的二十八骑，结果“项王大呼驰下，汉军皆披靡”，有个大胆的汉将追项羽，“项羽瞟眉（怒目）叱之”，那汉将就“人马俱惊，辟易（退避）数里”。

最后到了乌江（今安徽和县东北四十里），项羽把他心爱的千里马送给一位亭长，那位亭长劝他渡江以图再起，他不肯，仍和他的随从战士下马“持短兵接战，项王又杀数百人”，后来他终于发现汉军中有一位老朋友，索性就把自己脑袋送给他去领赏。从而结束了他狂飙式的一生。

刘邦呢？司马迁笔下的他，是个好女色、爱喝酒的无赖汉。刘邦早年当亭长时，有一次去参加沛县县长的宴会，县长规定送礼一千钱以下的人只能坐下席。刘邦这个小亭长，身上根本没几分钱，竟高声说他送了一万，然后大摇大摆地坐在上首席。他能任用读书人，可是动不动就骂他们，有时甚至拿他们的帽子作尿罐用。

樊哙和项庄舞剑

在彭城的战斗中刘邦被打败了，他的父亲被项羽俘虏，项羽特制一个特大型的切肉砧板，把刘邦的父亲放在上面，威胁刘邦，如果不投降，就要把他父亲烹了。刘邦根本不怕，他说："我和你同在楚怀王面前受命，约为兄弟。我爹就是你爹，你如果真要把他煮了，那就也分我一杯羹好了！"由此可见刘邦的无赖作风！

至于刘邦周围的同乡呢？萧何、曹参原来是狱吏，周勃是办丧事时的吹鼓手，樊哙是个杀狗的，周昌是个小吏，灌婴是个卖布的。结果后来萧何、曹参、周勃都做过丞相，其余的人也都封了侯。关于他们，司马迁在这次旅行中也询问了地方的老年人，他很感慨地说："异域所闻！当年他们还在屠狗卖布的时候，怎么会想到日后竟然能够附骥（千里马）之尾，而垂名于汉世？"

这样前后一比，司马迁似乎是同情项羽同情得过火了吧？怎么刘邦及他的沛丰同乡（秦时，丰是沛县的一部分，叫丰邑，刘邦的故乡是沛县的丰邑。后来到汉朝时，丰邑独立为一县）形象都不甚好，倒是项羽像条汉子！

事实上不尽如此，相信司马迁写他们过去的历史不是凭空捏造，因为他死后由他孙子把《史记》公开以后，并没有哪一个沛丰功臣的后代出来责难所记不实。至于刘邦和项羽之间，尽管司马迁同情后者，但并没有失去史家的理性，从他的记载仍然可以得到刘邦应该得到天下的结论。

刘邦是个老谋深算的人，早年虽然是个市井流氓，但是处理事情来却能够从大局出发，只要看看韩信在萧何大力推荐下而拜大将时说的话，就可以分出刘邦与项羽的高下了。韩信曾经在项羽的帐下听过令，因不被重用而改投刘邦。司马迁以一个对双方都有所了解的立场分析两人的优劣。关于项羽的劣势，他说：项羽的勇悍无人可比，但不能任用贤将为他效命，其勇悍只不过是他个人的匹夫之勇而已。他平常对人很好，讲话和颜悦色，有人生病了，他会为病人担忧，而且饮食照料，无微不至。可是当别人有功劳——该封爵的时候，他又舍不得分封，所以他的仁慈，只不过是妇人之仁。还有，项羽大军所经过的地方，无不残破，从而引起天下人的怨恨。

大将韩信

相对地，刘邦废除秦朝残暴的法律，与秦民约法三章就是仁而爱人的表现。而他能说出“运筹于帷帐之中，决胜于千里之外，吾不如子房；镇国家、抚百姓、给馈饷（粮饷），不绝粮道，吾不如萧何；连百万之军，战必胜，攻必取，吾不如韩信”的话，则表现了他的豁然大度。

如此看来，司马迁哪有故意贬刘邦的意思？他能够从那些老年人口中采撷一些生活琐事而加以记录，除了写实以外，他也为后世在分析汉朝统治阶层及其性格时，提供了上好的资料。说起来，他还真有分析的眼光呢！

再看司马迁描写萧何极力推荐韩信给刘邦，但刘邦还不了解为何韩信这么值得推荐时，刘邦说：“我就看在你面上任命他为将。”

萧何说：“只任命他为将军，恐怕韩信不肯留下来。”

刘邦就说：“那就任命他为大将（有全权治军之权）怎么样？”

萧何说：“这样才好呀！”

于是刘邦就想马上召韩信来任命他为大将。萧何有点不客气地埋怨道：“王素慢无礼（您向来不讲礼节）。今拜大将，如呼小儿耳（拜个大将像在叫小孩似的），这就是先前韩信偷偷跑掉的原因啊！”

这段讲来，是不是如见其人，刘邦这个人物形象更饱满？说来这也是个小动作，可是司马迁要是不记下来，则皇帝一切的事情岂不公式化得像神话？

游过了沛丰一带，司马迁转向西行，来到河南的开封。开封就是战国时代魏国的首都大梁，当地人向他述说了当年魏国灭亡时的景象。后来司马迁在《魏世家》里这样写道：“我曾到大梁的废墟访问：当地人告诉我说，秦之所以能攻破梁，是引河沟（渠名，又叫鸿沟）的水淹灌大梁。三个月城墙就坏了，魏王只好请求投降，于是魏国就这样灭亡了。”

信陵君

魏国的信陵君是战国四大公子之一，养食客三千。诸侯因为他的贤名而不敢侵犯魏国。他曾经率领五个国家的军队大破秦国而威震天下。后来由于魏王听信谗言而不用信陵君，信陵君只有每天与食客饮酒解闷，又近女色，没几年就病死了，他也是个以悲剧收场的人物。司马迁很崇拜他，为他写了《魏公子列传》。文中有一段很戏剧化的场面，即信陵君听说魏国有一个七十岁的老隐士侯嬴，为了招揽他竟在众宾客面前亲自执辔（马绳）到“夷门”去迎接侯嬴。司马迁问大梁的人什么叫“夷门”，有人告诉他，“夷门”就是东门。

游完大梁之后，司马迁继续往西走，到了洛阳东南方的登封县，他登上了中岳嵩山附近的箕山。他后来写道：“余登箕山，其上盖有许由冢云。”许由是古代的一位隐士，据说尧打算把天下让给他！他一听就奔到河边，狠狠地把耳朵洗了又洗，表示不要听，不肯接受帝位。他死了以后就葬在了箕山上，山下有一处洗耳时留下的古迹。

箕山之游已经算是司马迁这次游历的尾声了，这里距离关中不远，或许他就径自回长安去了。

我们不敢说这次旅行就是为了写史，相信他在那个急剧膨胀的时代，对自己的前途会有各种不同的幻想。他未必已经确认自己要接父亲的“衣钵”。但是从小的耳濡目染，想必使他具有史家的特质及史家所具有的敏锐。因此，不论这次旅行的目的为何，都为他日后的《史记》储备了大量素材，甚至为某一幕“历史剧”拟妥了剧情大纲，也为它们准备了好布景和道具。

这是一次重要而富于情感和趣味的旅行。

背景知识

韩　信

韩信（？—前 196），字重言，淮阴（今江苏省淮安市淮阴区码头镇）人。西汉开国功臣，最初追随项羽，后来投靠了刘邦。中国历史上伟大的军事家、战略家、军队统帅和军事理论家。

韩信起初并未受到刘邦赏识，只当个小粮官，丞相萧何却很器重他。在刘邦赴南郑（汉中）后，未受重用的韩信与汉军中思乡将士一道出走。萧何闻讯，来不及报告刘邦，连忙星夜把韩信追了回来，并报告刘邦说，韩信是国内独一无二的杰出人才。要想在天下争雄，除了韩信就再也没有可以商量大计的人了。由于萧何的大力推荐，韩信被任命为大将军，协助刘邦制定了“还定三秦以夺天下”的方略。

楚汉战争期间，韩信率兵数万，开辟北方战场。破魏之战，针对魏军部署，佯作正面渡河之势，暗从侧后偷渡，攻其不备，俘获魏王豹。井陉之战，背水为阵，使将士死地求生，大破赵军。潍水之战，借助河水，分割楚军，将齐、楚联军各个击灭。刘邦虽然重用韩信但对他并不信任，因此在项羽被消灭后就夺取了他的兵权，把他迁为楚王，随后又贬为淮阴侯。吕后知道刘邦疑忌韩信，就与萧何定计，于汉高祖十一年正月（前 195）把韩信引诱到长乐宫，以谋反罪名把他杀了。

韩信熟谙兵法，自言用兵“多多益善”，为后世留下了大量的军事典故：明修栈道、暗渡陈仓，背水为战，拔帜易帜，半渡而击，四面楚歌，十面埋伏等。他用兵的方法，为历代兵家所推崇。作为军事家，韩信是继孙武、白起之后，最为卓越的将领。他最大的特点就是灵活用兵，是中国战争史上最善于灵活用兵的将领。韩信指挥的井陉之战、潍水之战都是战争史上的杰作。作为战略家，他在拜将时的言论，成为楚汉战争胜利的根本方略。作为统帅，他在一人之下，万人之上。率军出陈仓，定三秦，破代，灭赵，降燕，伐齐，直至垓下全歼楚军，无一败绩。天下没有一个人敢和他相战。作为军事理论家，他与张良整理兵书，并著有兵法三篇。但人无完人，韩信在政治上犯有严重的失误，几次关键时刻都优柔寡断，最终死在了妇人的手里。后人评价韩信“成败一萧何，生死两妇人”，实非虚言。

项　羽

项羽，名籍，字羽。公元前 232 年生于下相（今江苏省宿迁市）的梧桐巷。项羽自幼在叔父项梁的抚养下读书、习武，略知兵法。

公元前 223 年，楚被秦灭，项羽祖父楚将项燕身亡。不久之后，项羽便随叔父项梁离开下相外出避难，并辗转定居吴中（今江苏省苏州市）。

公元前210年（秦始皇三十七年），项羽随叔父项梁到会稽郡的钱塘县考察风土人情和山川名胜。适逢始皇帝巡游会稽，项羽与叔父同去观看。当时项羽即发出“彼可取而代之”的惊世之语。

公元前209年（秦二世元年），爆发以陈胜、吴广领导的农民起义。二十四岁的项羽与叔父项梁在吴地因时起事，杀了会稽郡太守殷通，收服属下各县，组织八千子弟兵。次年，项梁率军渡江西，并拥立楚怀王的孙子熊心为楚王，重新打起楚国旗帜。进而攻打襄城、城阳，之后向西攻城略地，在雍丘大败秦军，斩杀李由。转而攻打外黄（今河南民权县西北）。外黄还没有攻下，项梁在定陶就战死了。项羽就接替项梁，成为义军的主帅，兵驻彭城（今江苏徐州市）以西。

公元前205年，项羽派人强迫义帝迁往郴县（今湖南郴县），而后又密令黥布将其拦杀于江中，诸侯自此渐生背叛之心。田荣首先在齐城发难，项羽亲自率部平叛，田荣败逃至平原县（今山东平原县西南）被杀。田荣的弟弟田横收集残兵占据城阳，项羽久攻不下。

正当项羽征讨田氏兄弟的时候，被封于巴、蜀、汉中的刘邦由国都南郑（今陕西南郑县）出师，平定了三秦（其地相当今陕西秦岭以北及甘肃东部地区），全部占领了关中的城池。之后，刘邦率领五个诸侯的军队五十六万人东进伐楚，占领彭城。项羽闻讯，率精兵三万到彭城，大破汉军。

大败后的刘邦重整旗鼓，联合各地反项力量，与项羽在荥阳、成皋间相持。同时，又派韩信攻占赵、齐、魏等地，使项羽两面受敌。汉将彭越又在南方几次断绝楚军粮道，骚扰楚军后方，给项羽以巨大地威胁。此时项羽的主要谋士范增也被离间早死，楚军在军事上渐处劣势。

刘邦乘机派人游说项羽，达成了以鸿沟（今河南贾鲁河）为界（以东属楚，以西属汉）中分天下的盟约。同时，项羽心悦诚服地释放了战争中俘获的刘邦的父亲刘太公和刘邦的妻子吕雉等人。

公元前202年，刘邦背信弃义，带兵追击东归的项羽。项羽回击，在固陵（今河南太康县南）大败汉军。其后诸侯军队皆至，项羽孤军陷于重围。败逃到垓下（今安徽灵璧县东南），韩信令汉军夜唱楚歌。项羽在惊惶之中感到大势已去，夜间与爱妾虞姬帐中饮酒，面对美人和名马，项羽慷慨悲歌。

夜里项羽跨上乌骓马，带着八百余人，好像受伤的猛虎，连夜冲出重围，向南飞奔而去。天亮汉军才发觉，命令骑兵五千追赶。项羽渡过淮河，骑马跟从的只有一百多人了。项羽逃到阴陵（今安徽定远县西北）时却迷失了道路，陷进沼泽地带，被汉军追上，后逃到乌江自刎而死，死的时候才只有三十一岁。

刘 邦

西汉高祖刘邦（前256—前195），沛郡丰邑（现在江苏丰县）中阳里人。汉族，字季，原为地痞无赖，后买官当上泗水亭长。他在兄弟四人中排行第三。在秦末农民战争中起义，后趁关中兵少趁虚而入。数败于项羽，因为被项羽立为汉王，所以在战胜项羽后建国时，国号定为“汉”。定都洛阳，后迁都长安，登基不久在白登城被匈奴国冒顿单于包围数月，被迫求和。在位后大杀功臣，激起英布谋反并被击成重伤，旋归天。

《史记·高祖本纪》载：

高祖以亭长为县送徒郦山，徒多道亡。自度比至皆亡之，到丰西泽中，止饮，夜乃解纵所送徒。曰："公等皆去，吾亦从此逝矣!"徒中壮士愿从者十余人。高祖被酒，夜径泽中，令一人行前。行前者还报曰："前有大蛇当径，愿还。"高祖醉，曰："壮士行，何畏!"乃前，拔剑击斩蛇。蛇遂分为两，径开。行数里，醉，因卧。后人来至蛇所，有一老妪夜哭。人问何哭，妪曰："人杀吾子，故哭之。"人曰："妪子何为见杀?"妪曰："吾子，白帝子也，化为蛇，当道，今为赤帝子斩之，故哭。"人乃以妪为不诚，欲笞之，妪因忽不见。后人至，高祖觉。后人告高祖，高祖乃心独喜，自负。诸从者日益畏之。

秦始皇帝常曰"东南有天子气"，于是因东游以厌之。高祖即自疑，亡匿，隐于芒、砀山泽岩石之间。吕后与人俱求，常得之。高祖怪问之。吕后曰："季所居上常有云气，故从往常得季。"高祖心喜。沛中子弟或闻之，多欲附者矣。

第三篇　侍从君侧为郎中

道高益安，势高益危。

——司马迁

担任郎中

《史记·太史公自序》中叙述完东、南旅游结束归来后，紧接着说：“于是迁仕为郎中。”也就是说东南游历以后，司马迁就踏入了当官的道路，担任“郎中”，不过究竟是哪一年他没有写明。

司马迁二十岁开始游历了大半个中国，以当时的交通工具，花上一两年时间是需要的，所以他回到长安时大概已经二十一二岁。而在他二十二岁那年，即公元前 124 年，正好汉朝实施了一个建设性的措施——为博士置弟子员，换句话说，为博士招收学生。我们前面说过，司马迁十一岁的时候，汉武帝采纳董仲舒的建议，把各家各派的博士一律取消，只留下儒家的五经博士。这

董仲舒

次提出招收学生建议的，是公孙弘。他表面是个儒家，实际上则是个杂家，法家的成分也很大。

汉武帝在实际政务方面根本就不重用儒生，独独以公孙弘为丞相。其实也是跟这个狱吏出身、“习文法吏事”的公孙弘，他的法家内涵很重的关系。他这次提出为五经博士招收学生的建议，显然把先前的“独尊儒术”政策变得更为具体，使学习儒学与人事官道相接通，规定学生毕业成绩特别优秀的可以为“郎中”，而通五经中的一经以上者就可以委派职务了。

背景知识

公孙弘

公孙弘（前 200—前 121），字季，一字次卿，西汉淄川国（郡治在山东寿光南纪台乡）薛人。小时候，家里贫穷，曾为富人在海边牧豚（放猪）以维持生活。年轻的时候，他曾经担任过薛县的狱吏，因为没有学识，常发生过失，从而被免职。为此，他立志在麓台（望留镇麓台村）读书，苦读到四十岁，又随老师胡母子开始修习《春秋公羊传》（也称《公羊春秋》，儒家经典著作之一）。建元元年（前 140），汉武帝即位，便下诏访求为人贤良通文学的人。当时，公孙弘已经六十岁了，他以贤良的名分去应征，被任命为博士。

公孙弘在任，所奏朝事，都一一符合帝意，起因是他巧用“心计”。因此，他奏对之事，深合汉武帝的心意。凡奏陈条，也都被采纳。

公孙弘矫饰善变，朝廷上下，众所周知。有一次，汲黯实在看不惯他的矫情做作，直言对皇帝说：“公孙弘位在三公，俸禄很高，却盖一床布被，这不明摆着在骗人吗?”皇上就以此事问公孙弘，他说：“实有此事，不过每个人做事，都有自己的目的和原则。我记得管仲做齐国的相国，有三归之台，奢侈豪华超出了一般国君；齐桓公做霸主，也僭越了礼数。晏婴为齐国的相国，一顿饭从不吃两种以上的肉菜，妻妾也不穿丝织品，齐国不也治理的很好吗？我身为三公，而盖布被，实在是有损汉官威仪。汲黯对我的忠告很对，他真是个大忠臣，要是没有汲黯对皇帝的忠诚，陛下您哪能听到这样的真话呢?”

经过这件事，皇帝愈发认为公孙弘谦恭礼让，对他更为厚待，元朔五年（前 124），薛泽免相，皇帝任命公孙弘为丞相，封他为平寿（潍城区望留镇）侯。历史上丞相封侯者是从公孙弘开始。

公孙弘为相数年，曾建议设五经博士，置弟子员。著作《公孙弘》十篇，《汉书艺文志》著录（已失）。他起身于乡鄙之间，居然为相，直至今日，人们依然对他推崇备至。尤其他的“非学无以广才，非志无以成学”的精神，已成为历史长卷中最醒目的一章，永垂后世。

司马迁为郎中应该就是由这个官道而当上的，因为本来郎官（郎中是郎官的一种）的来源不外以下几种：

一、汉朝官吏的等级，是以所领的俸米来分的。俸米的单位叫“石”，最高的是三公，属“万石”阶级，其下有两千石、千石、若干百石，等等。所谓若干石，并不是说他就领若干石的米，实际发给时是要打折扣的，单位叫“斛”，斛和石同样为十斗，万石的大官，每月实际只领三百五十斛，一年两千四百斛。按照规定，凡是两千石以上的官吏，就可以把儿子或兄弟选送为郎，例如苏武就是。

二、家财五百万以上的，例如司马相如。

三、具有特殊技能的，例如戏车的（如何戏不清楚）或驾车驾得特别好的，或者近似弄臣之类的人。

从这原有的三种途径看来，司马迁都不可能入选。他的父亲司马谈为太史令，俸禄不过六百石，离两千石标准还有一段距离。而以这样低的收入，第二种情形根本是不可能的。至于第三种情形，司马迁更是不可能。所以司马迁应该是由于博士置弟子

汉代的戏车

员这个新办法公布以后，因为成绩好才有机会由博士弟子被选为郎的。

那么，郎、郎中是什么？

秦、汉是中国从春秋战国以前的封建制度，进入中央集权帝国组织的时代。汉朝初年的制度，大多还保有秦时余留的残影。而封建时代，封地是封建领主所有，百姓也是封建领主所有，封地中的政治就是封建领主个人的家务，他底下的官吏其实就是他的家臣，这个习惯遗传到汉朝初期，使汉初的天子王室，与统治天下的政府间，界限并不是很清楚。那个时候，在基本意义上属于皇帝家务官的宦官集团也还没有形成。全国行政与宫廷服务两套制度是并立或交叉互用的。

郎，是随从在皇帝左右的侍卫，味道有点像战国时代的国君或贵族的“养士”或“食客”。

背景知识

食　客

“食客”之风起于春秋战国之际。“客”者依附于主人，主人则负责“养客”，养客多者达三千余人。“食客”型的算命术士同样也是依附于某个主人，通常都是投靠到王公贵族之家，或是周游于士大夫官僚之间，为他们预卜前程，趋吉避凶，或者充当“谋士”“军师”。

自隋唐以来，很多官僚士大夫家中常常有这样的术士，他们不仅是其家中贵客，还可代主人“陪客”，主人家宴聚会亲友时也往往“预坐”其中。

如《独异志》记唐代贞元中李师古家中即有这么一位术士。一次李师古设宴招待皇甫弼、贾直言十位从事，让他也就座，并请他给每一位来客看命。他看后说："十日之内，俱有重祸。"果然几位在一次宴饮中，亭子摧塌，一人当场死，其余伤。又据《续湘山野录》，宋代苏易简家中也有这种"食客"，他不仅为主人推算，还为来往客人起课。

明代此风就更盛了，皇帝身边也每每有术士跟随，制订政策，行军打仗，任用大臣，凡事都要向他们询问，相命术士成了封建统治者的特殊谋臣。皇帝如此，大臣也跟着效法。明英宗时重臣石亨的身边就始终跟随了一位叫仝寅的算命术士。此类事例《明史·方伎传》中都有记载，笔记小说等野史当中自不必说了。直到今天我们还可以在某些人家中看到这种"食客"术士，所不同的是，现在的相命活动往往跟"预测学""气功"等联系在一起了。

从组织上来说，皇帝以下的官吏最重要的是三公、九卿。三公在汉初是丞相、御史大夫和太尉。而九卿则为：太常、郎中令、卫尉、太仆、廷尉、大鸿胪、宗正、大司农及少府。

其中廷尉管刑狱司法，大鸿胪管外国事务，大司农管国家财务，三者都算是属于全国行政性质的。其余的，太常管宗庙礼乐及医药等，郎中令及卫尉管宫殿侍卫，太仆管皇帝出门的车马，宗正管皇族事务，少府管山海池泽的税务，而这些税归皇帝私家所有。这六者皆属宫廷服务性质的。

郎就是属于后六者中，管侍卫的郎中令的属官。"郎中令"在汉武帝太初元年（前104）、司马迁四十二岁才被改为"光禄勋”。同是侍卫，他和卫尉不同的地方在于：卫尉是驻守在宫殿的卫队队长，以所驻守的宫名为官名，例如甘泉宫卫尉。郎中令则是管宫殿门户（不是正门，而是左右偏门，有如两腋，又叫掖门）的主官。其属官有大夫、郎、谒者等。其中真正管门户的就是郎。除了管门户，皇帝出门的时候，他们列成车马队侍从。

汉武帝

此外，他们因为平常居住在宫中，皇帝出门时也常随从左右，所以是皇帝身边现成的顾问。皇帝有什么事情，也常差遣他们去执行。他们在行政上没有固定职务，没有办公室，也没有一定的名额，多时人数达上千人，完全是由皇帝自由决定他们的任务和人数。郎又分为议郎、中郎、侍郎和郎中四等，其中除了议郎原则上掌论议以外，其余的都要轮值守卫宫门，皇帝出门的时候则为侍从。

司马迁担任的郎中，就是这种性质的官。

有一点很值得注意，郎在当时是很受重视的进身台阶。由于科举制度还没有建立，汉朝中、下层官员的主要来源，一个是各政府机关的办事人员，另一个就是郎。前者往往被富人豪门独占，后者若非是祖宗的庇荫，也是家财万贯的人才，才有可能担任的。

司马迁运气不错，正好博士弟子员制度使他有机会踏上了这个令人羡慕的跳板。这个跳板因为由皇帝亲自控制，前途非常被看好，也是他向仕宦之途踏出的第一步。究竟他在哪一年成为郎中，到目前还没办法确定，以他二十岁出游，二十一二岁回长安计算，最快也要在二十二三岁才有可能。

从此，司马迁和父亲司马谈一同在宫内任职，只是单位不同。他父亲是太常的属官，他则是郎中令的属官。由于他自己也在宫中任职，有更多的机会可以直接接触一些有名气或有才学的人士。例如在前面曾提到的孔安国、董仲舒，也有人认为就是在这段时间，司马迁才开始和他们接触的。

飞将军李广之死

张骞出使西域

司马迁回到长安后的公元前124年至公元前129年，是汉朝自卫青大破匈奴、收复河南地后，对匈奴大规模作战的时期。当司马迁七岁的时候，出使西域的张骞，在刚出汉朝国境的时候，就被匈奴抓了去。在匈奴被拘留了十多年，才有机会逃出。但他没有立即回国，仍继续他的使命，去联络大月氏。

这时的大月氏，在张骞被匈奴拘留期间，因为受另一支游牧民族乌孙的压迫，已从伊犁河流域迁到更西边的阿姆河流域。张骞到大月氏停留了一年多，回国途中又被匈奴拘留了一年多，才又逃回到长安。当时正是司马迁二十岁出发人游历的那年。

张骞前后出使十三年，虽然没有达成联络大月氏、夹击匈奴的使命，但对西域各国国情有较深入地了解，带回来不少可贵的情报。这对于汉武帝与匈奴争夺西域霸权有相当大的帮助。

张骞的回国是一件大事，司马迁很可能就在郎中任内曾经向他讨教过地理问题。他在《大宛列传》中指出《禹本纪》说黄河源于昆仑，而昆仑高两千五百多里。

可是，张骞出使大夏（指的就是大月氏，大夏是希腊人在阿

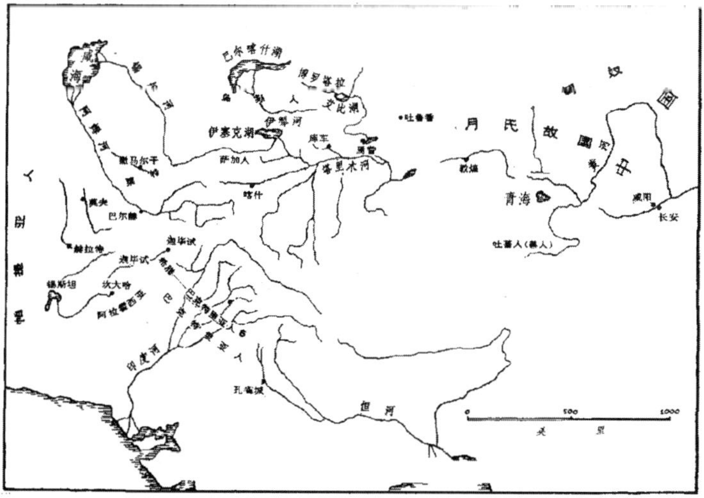

匈奴的第一次出击及大月氏的迁徙图

姆河流域南边所建立的国家，夏西迁至阿姆河流域时，即为大月氏所臣服），可说已经走到黄河的源流以外了，哪有见到什么黄河源流的昆仑？

这就是司马迁的实证精神，也是他先前展开大游历的动机之一。他喜欢实地考察书上所说的事物，自己没有办法亲身前往的，也要从去过的人的口中得到一些验证。

张骞回国以后，汉军接着展开一连串对匈奴的主动攻击，战果比较大的有三次：

第一次是司马迁二十二岁那年（前 124），由卫青统率苏建（苏武的父亲）、李蔡（李广的堂弟）等人的大军，由高阙塞（今宁夏磴口县附近）、朔方（鄂尔多斯高原）出发，出塞六七百里，俘虏了一万五千多人，牛羊几十万头。

第二次是司马迁二十五岁那年（前 121）由霍去病两次统兵

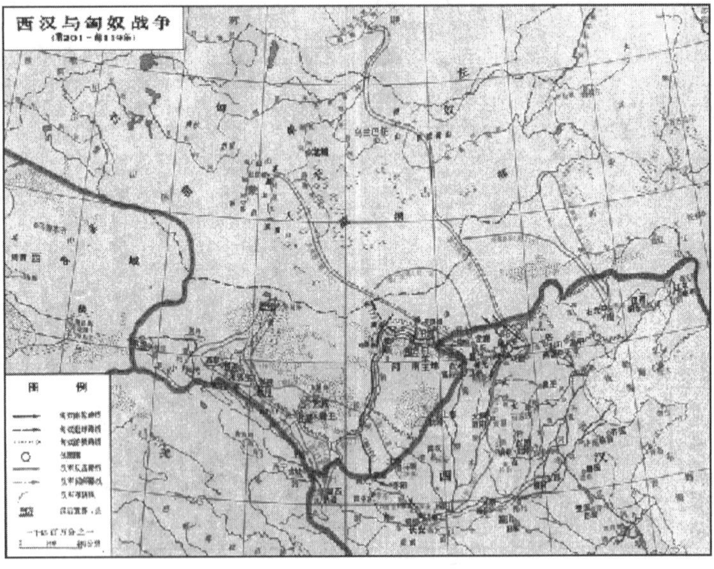

西汉与匈奴战争地图

出击。匈奴王率众投降汉朝，汉朝取得了原来大月氏人所居住的甘肃黄河以西的土地（河西地），后来在那里设置了武威、张掖、酒泉、敦煌四郡。

第三次是司马迁二十七岁那年（前 119）由卫青、霍去病两将军，各自率领五万骑兵出击。卫青从定襄（今内蒙古呼和浩特市南方）出塞一千多里，直追到阗颜山（今蒙古国境内）才回来。霍去病分道从代郡（今山西东北部附近）和右北平郡（今河北省东北部，在北京市东方，郡治在今河北省平泉县）出塞两千余里，至狼居胥山（大约在今外蒙古瀚海沙漠以北）才返还。

最后的那次出击，虽然把匈奴人赶得远遁而去，但双方的损失是不相上下的。汉军十四万匹马出塞，回来时只剩下了三万匹，损失近百分之八十，使汉朝在短期内没有能力再发动大规模的攻击。同时，这次战役也暴露了汉朝军队中掌握指挥权的外戚军人与担任战斗主力的关西军人间的严重摩擦。这种摩擦以及偏见的地域观念，对日后司马迁的遭遇有着很密切的关系。司马迁二十七岁那年，正好听到这种摩擦所发出来的巨响——关西军人中，声望最高的飞将军李广，在随

飞将军李广

同卫青出征途中自杀了！

李广，陇西成纪人（成纪在今甘肃省东南方，接近陕西省的泰安县北，相传伏羲氏在此出生）。他的先人在秦朝为将，他的儿孙后来也都在汉朝为将，可以说世代都是军人。

李广在汉文帝时代就已经因为攻打匈奴崭露了头角，汉文帝还赞叹地说他生不逢时，如果生在汉高祖的时代，封个万户侯"岂足道哉"！汉文帝这样说，当然也是因为他那个时期，仍然与民休息，除了小规模战事，还没机会让李广好好地表现。

到了汉景帝时代，发生了七国之乱。李广曾随太尉周亚夫攻打吴楚军，叛乱平定后出任上谷等北方边境的太守。由于国家政策未变，仍然没有机会大表现，不过一些小规模的边境硬仗，也使李广的名声传遍天下。

汉武帝即位后，很想有所作为。左右的人便向他推荐李广这位名将，于是，李广便由边境的郡守调升为卫尉，随后在司马迁二十岁的时候（前134）为将军，镇守雁门关。在一次敌众我寡的战役中被俘，然后凭借其勇猛和机智逃了回来，但被废为庶人，后来又被召为右北平太守。

这期间，匈奴人因为惧怕他，好几年都不敢有所妄动，而且还称他为"汉之飞将军"。后来，公元前123年，即司马迁二十三岁那年，李广被任命为九卿之一的郎中令，一直到四五年后他自杀为止，他都是以郎中令挂将军衔参与战斗的。

这段时间，司马迁有可能已在郎中任内。所以，李广在他生前的四五年，有可能是司马迁的上司。当然，即使可能，这种宫廷服务性质的官很难说，工作服务往往随皇帝的意思，也可兼宫廷外的职责。像李广，我们可以想象，他绝大部分的时间恐怕都在边地，所以虽可能与司马迁为上司属下的关系，见面机会也不会多，但一定会有。

有一种说法，认为司马迁为郎中，当在李广死的那年，或在那年以后。不管怎么说，司马迁见过李广是错不了的。司马迁在《李将军列传》的最后评论中提到对他的印象：“余睹李将军，悛悛如鄙人，口不能道辞。”用现代话说就是：“我看到的李将军，老实得像个乡下人，嘴巴也不会说话。”

李广为什么要自杀呢？“冰冻三尺，非一日之寒。”我们先看看远因：李广从汉文帝、汉景帝以来就是天下众知的名将，以他的才干和资历，理应受到汉武帝的重用。可是，他却在汉武帝有意压抑关西军人、提拔外戚的政策下，屈居在卫青的帐下当差。

卫青在外戚当中，算是比较好的一个，可是对名满天下、甚得人望的李广，却千方百计地加以排斥。重要任务不派给他；派给他的部队，总是不超过一万人；在战斗上也不给他支援，使他到最后，虽然先后参加了七十多次大小战役，他即使能在恶劣条件下创造奇迹，但始终无法封侯，官不过九卿。反倒是他原来的一些部下，或才干比不上他的人，却一个个爬到他头上去了。李广就曾经很泄气地对一位懂得望运气、断征兆的算命先生说：“自汉出击匈奴以来，各种战役我从来没有不参加的。一些校尉以下而才能普通的军官，因为战功而取得封侯的，就有几十个之多。我李广不在人后，可是却没有尺寸之功，得以封侯、封邑，这到底是为什么?”

那个人反问他说：“你自己回想看看，你有没发生过什么特别令你感到悔恨的事情?”

李广说："有！当年我为陇西太守的时候，羌人曾经作乱，我设圈套诱降了八百多人，可是我当天就把他们全部杀了。现在想起来，非常后悔。"

那人说："那就对了！祸莫大于杀戮已经投降的人。这就是将军您无法封侯的原因了。"

这个说法，从理性上来说是相当薄弱的，但司马迁仍用一种打抱不平的口吻写道：

> 蔡（李广堂弟李蔡）为人在下中（中等以下），名声出广下甚远（比李广差多了），然广不得爵邑，官不过九卿，而蔡（李蔡）为列侯，位至三公（当到丞相）。

在此之后，接着就是李广问算命先生的这一段话，隐隐约约表示一言难尽，只有归之于天的意思。可见李广所受的压抑确实是很大而令他痛苦难过的。

卫　青

至于导致李广自杀的近因，就是公元前119年（司马迁二十七岁）的那次大征伐。起初李广听说又有大规模的军事行动，就自己请求汉武帝允许他参加，这时他已六十多岁了。汉武帝本来不肯，过了不久，可能是拗不过他多次请求，才答应让他随大将军卫青出征。原来给他的头衔是前将军，也就是负责正面攻击的前锋。可是，出塞之后，卫青从捕获的俘虏那里知道了匈奴单于的行军位置，却又临时改变了部署，由他自己率领精兵居前，而要李广与右将军食其的部队合并，成为侧翼，命李广绕东道从侧面出击。李广急忙以参军以来就与匈奴作战、直到今天才第一次有机会碰上匈奴单于、并希望能效命为由，向大将军卫青力争，但卫青就是不肯同意他的要求。

司马迁描写这一节时，先说卫青在出发前，汉武帝就私底下交代过他，李广已经老了而且运气又不好，不要让他去对付匈奴单于，所以卫青不答应李广的请求。然后说："而是时，公孙敖新失侯，为中将军从大将军，大将军亦欲使敖与俱当单于，故徙前将军广。"这些话引出了事实的真相——原来，这个时候有个叫公孙敖的，刚刚失去爵位，卫青想让他有机会建功，以便再度封侯。于是就把李广调开，由公孙敖与自己一同出击单于。

公孙敖又是谁呢？他是甘肃人，说起来也是关西军人，但因为当年卫青的姐姐卫子夫刚得宠，汉武帝的姑妈兼岳母，大长公主嫖十分妒忌卫家而派人想杀害卫青的时候，公孙敖曾经救了他一命。所以卫青就一再偏袒他。

李广这才明白原因所在，虽仍然力争，但卫青依然坚持命令，李广只好含怒上路，却不幸在沙漠中迷失了方向。司马迁写的原文是"军亡（无）导（向导），或失道（迷惑而失道）"，是不是卫青故意不给他向导呢？很有可能！

结果，匈奴单于跑掉了没追上。卫青在回途中碰到迷路的李广和右将军食其。卫青扬言要追究责任向天子上报，命令李广到他的幕府去接受审问。李广一时百感交集，对他的部下说：“我李广从束发以来就与匈奴作战，参加的大小战役有七十多次，现在好不容易与大将军一起出征，有机会与匈奴单于接战，可是偏偏大将军把我调成侧翼，而我又在途中迷路，这岂不是天意吗？我已经六十多岁啦，实在没有办法接受审讯，去对付那些刀笔之吏！”说完就拔剑自刎而死！

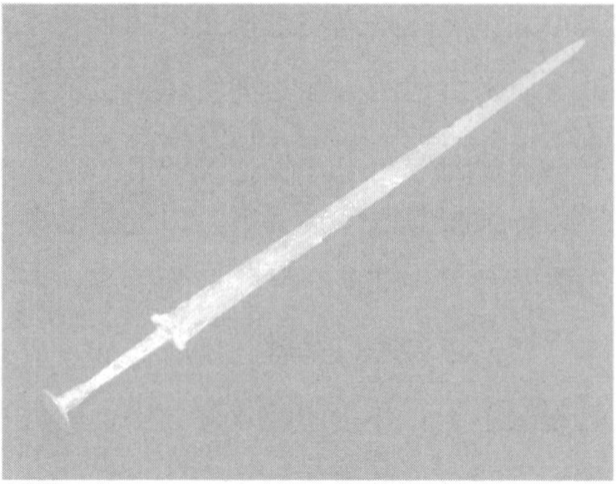
出土的汉代铜剑

李广去问算命先生是两年前的事，或许他对自己不能封侯已经认命，只希望在有生之年，趁着还能动，与匈奴单于交一次锋。结果连这一点心愿也被卫青毫无道理地加以剥夺，甚至要把抓不到单于的责任推到他头上去。这对一个世代为将的老将军而言，其刺激之大是可想而知的。自杀似乎是他唯一能够选择的解脱方法了。

李　敢

前有乱世的青年英雄“力拔山兮气盖世”而被逼自刎于乌江的项羽，后有盛世的沙场老将“才气天下无双”而被迫自刎于大漠中的李广。无疑地，司马迁是用激动而颤抖的心去写他们的。尤其是《李将军列传》，也许是因为司马迁曾亲眼见到过他，而且又有可能是他为司马迁任郎中时的上司。即便采用李广死的那年或以后，司马迁才当郎中的说法，一则李广死后，他的儿子李敢曾继任郎中令约一年；再则无论如何，年龄虽然相差一代，他们大体是同一时期的人。关于李广，他有比较多的第一手资料。他对李广的感受，也更为直接、更为深刻。所以写来，有一种《项羽本纪》所没有的情感在里面。因此，他因为耳闻目睹而发出来的不平之鸣，几乎不加掩饰地跃然纸上。

《李将军列传》中的李广三代与《卫将军骠骑列传》中的卫青、霍去病比较起来，作风是大不相同的。

司马迁说李广带兵，在“乏绝之处”（缺水缺粮的地方），如果发现了水，他一定让兵士们一个一个都喝过了，他才会走到水旁去喝；粮食也是一样，非要等到兵士们全都吃过了，他才会去吃。又说他非常廉洁，只要有赏赐，他一定分给他的部下，与部下在一起吃喝。终其一生，四十几年每年都只领两千石的俸禄，家里并没有多余的财物，也从不考虑购置家产之类的事情。

李广的用兵，司马迁说他“无部伍行陈”，所谓部伍就是军队组织，将军队下设五部，每部有校尉为长官，部底下有曲，每个曲由军侯领导，也就是所谓的部曲。李广不管这一套，他不愿受这些束缚。行军中，只要找个有水草的好地方屯驻下来，人人自便。他也不用行军时所使用的警报及报时器，对于啰哩啰嗦的文书作业也非常讨厌。不过，为了部队安全的放哨工作，他并没有省略，而且做得很谨慎。显然，他是在有安全保障的前提下，让兵士们放纵自如，充分休息的。因此，兵士们都喜欢追随他，而且愿意为他效命。

他这种胆识和浪漫作风，司马迁非常地推崇。司马迁举另一位作风完全相反的名将程不识，说他一切照规矩行事，弄到“军不得休息”，但是匈奴怕的仍然是李广，而不是程不识。

至于卫青、霍去病的为人，与李广正好相反。李广爱惜部下，卫、霍则“以柔和自媚于上”，心目中只有皇上。因为他们的威权可以说是突然间由皇上赏赐而来，他们必须紧紧地抓牢。当然，司马迁并没有埋没他们的战功，他们仍然能为后世所称颂。但对于他们这种媚上作风，司马迁也毫不留情地加以记载。

有一次，苏武的父亲苏建随卫青攻打匈奴，结果是“尽亡其军，独以身得亡去”（部队全部完蛋了，只有他一个人逃回来见卫青）。照理说，卫青以“将在外”应可当场加以处置，但他最后决定“不敢自擅专诛于境外，而具归天子”。他把苏建带回长安，让皇帝自己裁决。可见他是一切看皇帝脸色行事。果然，汉武帝对这个做法似乎蛮高兴的，因而不杀苏建，只把他降为平民，还赏了卫青不少黄金。

司马迁给卫青的评语是：“大将军为人，仁善退让，以和柔自媚于上。”不过，最后一句是“然天下未有称也”（天下人好像也没有称赞、推崇他的为人）！大概他的媚上固然不好，但总算还没有欺下之类的事情出现过。卫青对李广的排挤只是妒忌他的名声而不是欺下，因为卫青恐怕在心里头是没法把他当部下的。再说防止关西军人的崛起，正好符合汉武帝的政策，也等于是得到汉武帝的默许或授意，谈不上欺下。

还有，当苏建兵败、一人逃回的时候，左右有人向卫青提议，说卫青带兵以来，从未斩过副将，现在苏建放弃军队一个人跑回来了，可以把他杀了，以显示大将军的威严。结果卫青并没有采纳，从他没有斩过副将看来，也可见他虽然不把部下放在眼里，但也不算太坏，所以司马迁才会有“仁善退让”的评语。只是由于他太媚上，以至于对部下不坏也没人称赞了。

至于卫青的外甥霍去病，可就不一样了。不但媚上，而且对下也不好。汉武帝要为他盖房子，他就说：“匈奴未灭，无以家为也!”于是汉武帝对他“益重爱之”。对下呢？司马迁说他“贵，不省士”，即贵而不体恤兵士。有一次汉武帝派宫中主管御膳饮食的太官，运了几十车好吃的东西到军中赐给他。结果，剩下一大堆东西运回宫中，但他的部队中，却有饿肚子的人。有时带兵到塞外沙漠中，兵士们因为缺少粮食而饿得没精打采，他却还能“穿域蹋鞠”。穿域就是穿地为域，也就是在沙漠挖地下球场。鞠是一种球，据说用皮作成，里面塞毛。据考证，是现代足球的前身。这句话的意思是，他竟然有兴致在沙漠中遣人挖地下球场，让他去踢球为戏。有人说过这种游戏是黄帝发明的，《汉书》则把它列入兵家的技巧中。套句现代的话，是一种国防体育。兵士们饿得没精打采，他却有心情玩球，而且还要劳师动众为他挖地下球场，对兵士们真是不体恤到了极点。司马迁接着写道：“事多类此。”意思是诸如此类的事情太多太多啦!

一边是秦朝名将的后代，懂得爱惜部下、受到天下敬重的老将，落得悲愤自刭而死的下场；一边是汉朝侯家奴仆的私生子，因为女人的关系得到宠幸，一个个鸡犬升天，心中只有皇上，虽然属下多怨，却能够飞黄腾达。

根据司马迁以上的叙述，可以知道司马迁以一个秦人后裔身份，在那个地域观念仍然浓厚的时期，他是多么地不平！司马迁在《李将军列传》末了的评论中，称赞李广说："其身正，不令而行；其身不正，虽令不从，其李将军之谓也。"又说在他死的那天，天下的人，不论认不认识他的，都为他悲哀哭泣。然后说："彼其忠实心，诚信于士大夫也。"

对于卫青、霍去病，司马迁在该列传的最后评语中，仍然对他们的媚上作风，表示耿耿于怀，并没有给这两位为汉朝开疆辟土、建有功绩的名将有任何赞美词句。只是说苏建曾经劝过卫青，以卫青这么尊贵的人，天下的贤士大夫却都不对他有所赞誉，因此希望他考虑效法古代名将招贤纳士的做法，来转变天下人对他的印象，可是卫青加以拒绝了，他的理由是皇帝不喜欢。

我们前面说过，汉初社会，有不少战国遗风复活，养士之风就是其中之一。这种养士之风，与汉初的封建郡县并行制度一配合，就演变成分封诸王的势力膨胀，最终导致爆发了七国之乱。皇帝当然不会喜欢这种风气。汉武帝登基之初就曾经抓了几个爱养士的大官开刀，把他认为的"歪风"压制下去了。心目中只有皇帝的卫青，当然懂得皇帝的意思，所以他说："提拔贤能之士及罢黜不肖者，是人主的权力，我们为人臣的，只要奉法遵职就可以了，何必去招贤纳士?"

司马迁引用完苏建的话，又补充一句说霍去病也是这个调门儿，然后以一句耐人寻味的话作为结束，他说："其为将如此!"用句现代话，等于是挖苦地说："他就是这样子在当他的将军的!"或说"他身为将军，竟然是这样子!""他就是这么一个将军!"弦外之音好像是说："也不过是个唯命是从的将军而已，有什么了不起!"

作《十七史商榷》的王鸣盛，甚至指出司马迁瞧不起卫、霍的另一个线索。《史记》有一篇很特别的列传叫《佞幸列传》，里面写的净是一些靠着谄媚而获得宠幸的人。司马迁在这篇列传一开头就说："非独女以色媚，而上宦亦有之。"里面写的都是男宠，与皇帝好到可以同卧同起，有一些性变态关系的描述。

王鸣盛指出在《佞幸列传》的末了，司马迁突然冒出一句"卫青、霍去病亦以外戚贵幸，然颇用材能自进"，好像这两个人本来也可以列入《佞幸列传》似的，只是他们还蛮争气，凭自己才能往上爬。换句话说，他们谄媚皇帝的态度，其实与《佞幸列传》里面那些男宠是差不多的！

还有一件事的记载，也可以看出司马迁对卫青的媚上，是相当用心地加以暴露的。他记载苏建弃军而逃的那次战役结束后，卫青率军回朝时，他的姐姐卫子夫已经因为容貌衰老而失去了宠爱，汉武帝开始宠爱王夫人。于是有人提醒他："将军您之所以能够功劳不算极多，却获得万户的封邑，并且三个孩子都封了侯，实在是因为卫皇后受宠的关系。现在王夫人刚刚受宠，家里还不到很有钱的地步，我看您最好把天子赐给您的黄金，拿去为王夫人作为寿礼，攀点交情才好。"卫青觉得有道理，就把汉武帝赐给他的一千两黄金，拿出了五百两送给王夫人作为寿礼。果然，这个举动使得汉武帝很高兴。那个提醒卫青的人，因此也升了官，卫青也保住了自己的受宠地位。

司马迁写下这一段，等于揭露了卫青为求宠幸无所不用其极的心态，与李广的"自负其能"比起来，确实是天地高下之别。司马迁为李广鸣不平，无可奈何地借算命的话推说那是命，没有办法。而对于卫青、霍去病的大红大紫，他也只好说，那不过是命好。这层意思，司马迁是露骨地明讲的。他说诸将所配得的部队，都不如霍去病的好，霍去病的部队往往都是千挑万选的精兵。又说霍去病胆子很大，常常带一队精兵壮马，远离大军，深入敌境，却从来没有被困绝过。司马迁说“军亦有天幸”，这还不是靠运气！

这种不平之鸣，在《李将军列传》中有一段也很明显。他写李广死后，李广的小儿子李敢继任为郎中令，李敢因为怨恨卫青排挤并逼死他的父亲，而打伤卫青。卫青大概自知理亏，也没有声张。倒是他的外甥霍去病难消这口气，就趁着有一次陪皇帝打猎的时候，偷放冷箭，射死了李敢。这时，正是霍去病炙手可热的时候，很得汉武帝宠幸。汉武帝明知是霍去病杀了李敢，却对外宣称李敢是打猎时被鹿角触死的。

司马迁紧接着写：“居岁余，去病死。”一年以后，霍去病就跟着死去（死时才二十四岁）。这种叙述顺序，似乎在呼喊：李广因天命而志不得申，你卫青、霍去病也因天命而志得意满，既然皆归于天命，你霍去病杀了李敢，自己也难逃天命的报应！

霍去病墓

二十七岁的司马迁，亲耳听到李将军自杀的消息，也很有可能接着目睹霍去病放冷箭射死李敢的场面。因为李敢被杀时，他应该已经当上了郎中。那次打猎，他很可能侍从在皇帝身边。姑不论汉武帝知不知道事实真相，但司马迁一定很明白。加上李敢为郎中令，正是他的上司，如果这个假设没错，则他的感触应该是很深的。

一般都喜欢把《史记》中的不平而鸣，归因于二十多年后司马迁受的腐刑。但我们试作分析，他之所以受腐刑，是为了替李陵仗义执言，而李陵正是李广长子李当户的遗腹子，也就是李敢的侄儿，李广的孙子。所以，究竟司马迁是因为目睹李氏两代被逼（害）死而深感不平，而为李氏第三代仗义执言，然后引来大祸；还是因为受了腐刑后，才对李氏三代的遭遇发出不平之鸣呢？也许都有可能，也就是互为因果。因为分析一件事情的前因后果绝不会全部是单一的，而直接的原因即使是当事人也要受潜意识的影响。

关于这个问题，当我们说到李陵案的时候，会有比较详细地解说。在这里我们要强调的是，司马迁业已目睹关西军人，说得切实些，应说关西的杰出军人的悲惨遭遇，也等于是听到了预示自己的悲剧的不安音符。这时，他当然还毫无所觉，因为他马上要过的是忙碌的郎中侍从生涯。当然他更有机会知道汉帝国正在干什么，不管是政治方面，还是经济方面。

背景知识

匈　奴

当伊朗人种的游牧民（斯基泰人和萨尔马特人）占据着草原地带西部即南俄罗斯时，无疑还包括图尔盖河流域和西西伯利亚；草原地带的东部是处于突厥-蒙古种民族的统治之下。其中在古代史上占统治地位的民族是以“匈奴”一名而被中国人所知。匈奴一名与后来罗马人和印度人称呼同一蛮族的名称（Huns 和 Huna）是同词源的。可能这些匈奴人（直到公元前3世纪的秦朝，才在中国编年史上清楚地记载了匈奴一名）在公元前9世纪和8世纪时已经被中国人称为“严狁”。更早一些的时候，他们可能被称为“荤粥”，或更含糊地被叫作“胡人”。在历史的黎明时期，中国人所知的胡人是指那些当时居住在中国北部边境上，即在鄂尔多斯、山西北部和河北北部的那些民族。也有北戎之说。所谓北戎即“北部之戎”，分布在今天的北京西部和西北部，是一支胡人部落。其他的部落在公元前4世纪时已经归降于赵国的中国人。

赵武灵王雕像

赵武灵王（大约前 325—前 298 在位）甚至从他们那里夺取了山西最北部（大同地区），实际上还夺取了今鄂尔多斯北部地区（约前300）。正是为了有效地防范这些游牧民的进攻，秦国（陕西）和赵国（山西）的中国人都改他们的重车兵为灵活的骑兵。这一军事改革带来了中国服装上的彻底变化，弓箭时代的长袍被从游牧民族那里学来的骑兵裤子所取代。从游牧民族那里，中国武士们还模仿了羽毛装饰的帽子、“三尾服”和后来对“战国时期”的艺术起到很大作用的“带扣”。也正是为了防御匈奴，赵国及其邻近诸国的人开始沿其北部边境垒起最初的城墙，后来秦始皇统一和完成了城墙的建筑，成为了万里长城。

据史家司马迁记述，正是在公元前3世纪后半叶，匈奴似乎成为一支统一的、强大的民族。他们由一位被称作单于的首领统帅着，单于的全名汉文译音是撑犁孤涂单于，这些词解释为“像天子一样广大的首领”。在这些词中可以发现突厥-蒙古语词根，特别是“撑犁”是突厥-蒙古语词（Tangri，天国）的译音。在单于之下，有两个最大的官职，即屠耆王，意为左右贤王。汉文译音“屠耆”与突厥字（doghri）有关系，意思是“正直的”、“忠实的”。就基本上以游牧生活为主的民族所能谈到的固定居住地而言，单于住在鄂尔浑河上游的山区，以后成吉思汗蒙古人的都城哈拉和林就建在这儿。左贤王，原则上是单于的继承人，住在东面，可能在克鲁伦高地。右贤王住在西面，在杭爱山区、今蒙古国乌里雅苏台附近。接下去，匈奴统治集团内依次有：左右谷蠡王、左右大将、左右大都尉、左右大当户、左右骨都侯。然后是千夫长、百夫长，十夫长。这个游牧民族，在行进时被组织得像一支军队。一般行进的方向是朝南，这在突厥-蒙古种各民族中已成为习惯。类似的现象在匈奴的后裔6世纪的突厥人中，以及成吉思汗的蒙古人中都可以看到。

汉武帝热衷封禅

尽管关于司马迁在哪一年当郎中的这件事还有争论，但最迟应该在李敢被霍去病冷箭射死即他二十八岁那年，他已经当上郎中是毫无疑问的。从这一年开始，到十年后接替他父亲任太史令，甚至其后的几年，司马迁经常随汉武帝到处巡游，而这些巡游，可说绝大部分都是为了求神仙。又由于这些举动到最后间接造成此时期司马迁的一件大事——他父亲的死，我们有必要对这件事的背景及经过作一番了解。

秦汉紧接战国，而汉朝开国后，由于经历过暴秦的过激统治，人们一旦获得舒解喘息，很自然地会怀念战国时代的种种。这一现象，对于一个朝向大一统发展的帝国统治者来说，并不是一件好事，所以才会有汉武帝压制养士之风及罢黜百家、独尊儒术。而儒术之所以会被独尊，除了我们已说过的，它重礼制，谈王道，帝王可因而获得美名以外，儒家还有两个优点：一个是儒者通晓古代典籍，而且有一套自成体系的治国理想和制度的主张；另一个是儒家的学说含有各家思想的源流，容易加以引申附会。因此各家虽然被罢黜，仍然可以在儒家的大帽子下改头换面而继续存在。

事实上，各家各派的成立，本来就是经过长时期地孕育才形成的，儒生与讲阴阳五行的术士合流，易经才会成为儒家的六经之一。而阴阳五行的学说，最初也不是一家所独占，早在各家成立以前，就已经流传。墨家的创始人墨翟，本来也是孔门弟子；初期法家人物及后来的法家名人韩非、李斯，也是受业于儒者。由这些渊源，我们就可以知道他们要改头换面，并不十分困难。

汉朝甚至以后历朝历代，在儒家帽子底下能够大盛风行，而且历久不衰的，要数阴阳家为第一。促成独尊儒术的大儒董仲舒，就是个典型的“阴阳家的儒家”。

董仲舒

若论到阴阳家之所以能够获得如此的结局，就要归因于它学说本身原是一种架构，一种基础之学。好比数学，学通了它，可运用到其他学问，从而有了商业数学及其他数学。同理，用其他各家的理论，加到阴阳家的架构上，就会有新的面貌出现，它保住了自己，也发扬了他人。阴阳家之所以能够成为一家，是肇于战国时代的人历经数百年战乱，对时局绝望而沦入宿命式的期待心理。他们期待盛世的到来，当然更希望知道盛世到来的公式，以求更能安身立命。阴阳家的五行终始的学说，正好满足了这种心理的需求。五行（水、火、木、金、土）的学说始于何时，无法考证。阴阳家用五行、四方（东西南北）、四时（春夏秋冬）、五音十二律、天干地支等，相互配合排列，从而构成一个宇宙架构。五行的势力叫五德，五德轮流支配这个世界，当某一德轮值的时候，就由代表该德的朝代兴起而统治天下。如何证明某人某朝可以代表哪个德，那就要看当时出现怎样的祥瑞了。

老子像

这种理论使战国时代人们的期望，变得较为具体，同时也成为各国替代周朝而统一天下的理论根据。本来，这是一种迷信思想，是一种“术”，所以跟原来就有的一些迷信行为很有关系，也很容易结合。因此，阴阳家可以发展成一套宇宙政治哲学，同时也会变成占卜炼丹的“方术之士”。它能与儒家合而为一，当然也能与道家相结合，何况道家本来也爱讲阴阳，如老子的“道生一，一生二，二生三，三生万物，万物负阴而抱阳，冲气以为和”。

所谓“方士”原是指方外之士。方是指现世的领域，方外就是超然于现世之外，不理世事，是隐者。这些道家思想的隐者往往隐居在山林之中，漫漫长夜如何打发？阴阳之术正好可以供他们消遣。于是他们不仅懂阴阳，而且还有所发明，各种长生术就是他们的杰作。这些技术难免会流传出来，造成一批也称作“方士”的人。他们不一定隐居，或隐居后复出，用这种神秘的长生术，谋求个人名利，为了与绝意仕途的方外之士有所区别，我们可以称他们为方术之士。

这又是另一种阴阳家的形态，在战国末年开始大行其道。而那些始终隐居在山林之中的发明者，在这些大谈长生术的方术之士的口中，就变成长生不死的神仙。战国时代各种学说，喜欢托付于黄帝，这批人也把黄帝描述成一个懂得仙道，最后升天而去的神仙。

秦始皇的暴政，把很多贤能的人逼到深山去作隐士，同时也从深山造就出更多的“神仙”和方术之士。方士除了懂得丹药以外，还会经过改良后的占卜术以及导引术。导引术也是一种长生术，可以治病，“引挽腰体，动诸关节，以求难老”。注重肢体运动与呼吸的配合，说是可以使气血充足，身体轻举。用现代话说，是一种健身运动。

在秦以前的方士中，仍不乏以方术吸引人君，然后试图施展济世理想的人。但后来，或许他们的形象已被固定，而且难为人们所接受，加上人君对他们最大的兴趣，还是在求仙药、求神仙之道。因此方士这种形态的阴阳家，自然被定了型。他们一旦融入了道家的宗教化活动，就变成后世所定义的“道士”。至于阴阳家的严肃面，则融入儒家学说里面，继续影响中国。

司马迁所处的时代，是融入儒家的阴阳五行思想倡行的时代，同时也是与汉初最被尊崇的黄老之术已紧密相结合的方士大肆活动的时代。这个时候的方士，仍停留在以神仙之说迷惑皇帝等上层社会并求取个人名利的阶段，尚未参与道家宗教化而向民间发展。很重要的一点，是他们取代了原来有的巫祝之流，而掌握了上古宗教活动的复活运动，并且按照他们的理论赋予了新面貌。

造成他们大肆活动的原因之一，是汉武帝的敬鬼神、求神仙的欲望。他的求神仙，并不是到了老年才开始的，而是从青年开始一直求到老年，简直可以说一辈子都在求神仙。《史记》中本来没有汉武帝本纪，后来褚先生（褚少孙）将《史记》的《封禅书》加以剪裁，而补成《武帝本纪》。《封禅书》记载的是宗教祭祀的事情，除了前半段以外，其余的都可以说是充满了可笑迷信色彩的汉武帝求仙史。用《封禅书》剪裁成的《武帝本纪》，自然就“仙”味十足了。

泰山上的封禅仪式

封禅与求仙本来是两回事，汉武帝的求仙会在《封禅书》里看到，正是方士导演的结果。这个结果间接造成了司马迁父亲司马谈的气愤而死。

首先，我们先了解什么是封禅。这个名词曾经被郑重其事地解释，但也曾经被指纯为秦、汉方士所伪造。前者的说法，认为封禅是“泰山上筑坛以祭天，报天之功，故曰封。泰山下，（泰山旁的）小山上除（扫也）地，报地之功，故曰禅”。又说：

“易姓而王，致太平，必封泰山。禅梁父（泰山旁小山名），荷天命以为王，使理群生，告太平于天。报群臣之功。”照这个说法，封禅大典是改朝换代而至太平的时候，新朝代的天子向天地报告（或说报到）的一种仪式。

说封禅纯为阴阳家和方士所伪造的人认为，三代以前无所谓封禅。并认为《史记》《封禅书》中所记齐桓公以诸侯身份，而想行天子才可行的封禅大典时，管仲颇费唇舌地加以制止的章节，根本也是伪造的，司马迁只不过是予以转录罢了。

伪造之说是有可能的。我们查考《古今图书集成》《礼仪典》的天地祀典部，可以发现，在秦始皇以前，根本没有“封禅”这两个字。不过，基本上，或说广义的封禅是一种祭天大典则是没有疑问的。古时候，祭天大典叫作“郊”，郊就是城郊，也就是说祭天是在城郊（南郊）举行。所以《汉书》把《史记》的《封禅书》，改称为《郊祀志》，似乎更能直接表达它的意思。如果说“郊祀”是以祭天的地点而命名，则“封禅”就是以着眼于祭天地必须除地、筑坛而命名，除地就是把城郊预定要行祭典的地方整理干净，然后在上面以土筑成祭坛。

古时候祭天与祭神鬼是有区别的。祭天必定是在祭坛上露天举行，而祭神鬼的所在地叫作“庙”或“社”。祭天的时候，必须在坛上燃柴火（叫作燔），上面放两条牡牛（公牛）和玉，让烧出的气味随火气上升。有人指出“郊祀”其实本来应该是“禋祀”。禋就是烧柴的意思，后世因为祭天必在城郊，所以就借用“郊”字，而废去“禋”字。

这种烧柴而祭的叙述，在基督教的《旧约》里也可以看到。《旧约》利未记第一章：“耶和华从会幕中呼叫摩西，对他说……供物若以牛为燔祭，就要在会幕门口献一只没有残疾的公牛……要在耶和华面前宰公牛……要奉上血，把血洒在会幕门口坛的周围，那人要剥去燔祭牲的皮，把燔祭牲切成块子……要把火放在坛上，把柴摆在火上……要把肉块和头，并脂油，摆在坛上火的柴上，但燔条的脏腑与腿，要用水洗，祭司就要把一切全烧在坛上，当作燔祭，献与耶和华为馨香的火祭。”

又据近人研究，中国的封禅（指广义的封禅，即泛指天地鬼神的祭礼）是由两河流域分别于公元前27世纪的黄帝时代、公元前10世纪的周穆王时代、公元前5世纪的战国时代、公元前2~3世纪的秦、汉时代传入中国的。

关于两地交通的证明，他们提到在屈原的《天问》《离骚》中，有类似巴比伦空中花园的描述。还有汉武帝为求神仙而建造的通天台，是仿照空中花园七星坛而建筑的等，看来都具有相当大的说服力。不过，他们着重的是祭坛建筑，以遗物和相关记载互为参证。至于这些祭典的用意，则没有涉及，只在“是祭祀天地鬼神”的基本意义上发展。

背景知识

封　禅

封禅，中国古代帝王为祭拜天地而举行的活动。

在中国政治制度中，封禅可以说是最盛大、但也争议最多的一项典礼。所谓“封”就是天子登上泰山筑坛祭天；而“禅”则是在泰山下的小丘除地祭地，向天地宣告人间太平。民初疑古派的史家认为，这纯粹是战国至秦汉间，齐儒凭空杜撰，并为好大喜功的君主利用来巩固政权、夸侈政绩的活动。但从近年考古资料看来，其起源或可追溯到新石器时代先民筑坛祭祀的习俗，是非常幽远的。

中国古代帝王为加强自己的统治，不约而同地宣传“神权天授”的理论。为了使这种理论得以证明，便有了封禅泰山的活动，使泰山祭天的作用得以延续。封建统治者的这种行为让泰山在人们心中的神山地位进一步强化，随后成为每代帝王一生必须做的大事之一。

公元前26世纪，黄帝营建了明堂以祀上帝，开了中国古代祭祀建筑的先河。以后，中国历代的统治者几乎都建造了专用于祭祀皇天天帝的祭坛。周有明堂，秦有四畤，汉有甘泉宫，唐、宋皆建有圜丘，元世祖定都北京，于丽正门外筑坛祭天，元成宗时于大都城东南建成郊坛，合祀天地。

雄才大略的秦始皇灭六国，一统天下，结束了列国争战的混乱局面，建立了统一的大帝国——秦朝。自信傲岸的秦始皇并未忽视天帝的存在，秦王朝于国都立四畤用于祭五方天帝。他曾亲赴泰山封禅，虽然那只是为了标榜他自己的伟大功绩，并没有多大诚意，但也反映了天帝在当时封建社会政治生活中的地位及其影响。

虽然到宋朝之后不再进行封禅，但崇拜活动却进一步扩大，黎民百姓无不知神山泰山。

我们说封禅极可能是阴阳家和方士所伪造的，着重的是封禅的目的及他们所指定的封泰山禅梁父（泰山旁的小山）。这一点，我们再说明如下：

秦汉以前的祭祀，在西周以前，都严守阶级的划分，只有天子才能祭天地，也就是说只有天子才有资格行郊祀的祭祀；诸侯只能祭他的封土领地内对人民有益的山林川泽，例如鲁国的山、晋国的河、楚国的江汉等等。而郊祭天帝（即天，或称上帝）时，可以和天子的祖先配享。祭天的次数没有固定，但大体上，春夏秋冬的四时的祭祀差不多是固定的，可说是常祭。除四时的常祭以外，还有其他非定期的祭祀，例如巡行各地之前，到达之时，或出征之前，天子即位之时，以及天灾地变时的祈福免灾，都可以郊祭天帝。

美丽的泰山

至于他们指定在泰山举行仪式，这可能与阴阳家发源于齐地（山东半岛）有关，而齐国之所以尽出一些阴阳术士及好神仙之流，则与它的地理位置有关。因为齐国滨临渤海，在春夏之交的季节，有时可看到海市蜃楼奇景，其变幻无穷，引起齐人的种种幻想，因而就有关于神仙的传说。泰山就在山东半岛，他们设计的程序，当然会定在此地，何况泰山本来就是圣地。

此外，秦汉方士在混乱中又赋予封禅另一个意义，说它就是不死之名，而且也定出一套程序：祭龟则可以致鬼物。致鬼物以后，丹砂就可化为黄金。黄金成，则可以把它制成饮食器。饮食器拿来饮食可以益寿。益寿以后，就可以看到海中的神仙。看到神仙以后去行封禅大典，然后可以不死。这个意义和程序不用推测，可以肯定地说是纯属伪造，是无稽之谈。

在司马迁的时代，对于前一种可能也是伪造的封禅的意义，普遍是接受的，但是与五畤取代古郊祭一般，人们对它的内容、仪式，甚至区别，都感到迷惑，从而容易陷于混乱。汉人不像周人那样世世用心于祭祀的事情，唯恐获罪于天；而且中间隔着数世纪的动乱时代，很多礼仪早已失传，加上注入阴阳五行之说影响的结果，以及那种封禅可能根本就没有过，人们真是莫知所从。所以，司马迁在《封禅书》一开头就言明“其仪阙然堙灭，其详不可得而记闻”，而后让神仙说的封禅充斥于后半段。

汉朝开国之初，由于天下初定，百事待举，有关祭祀的事情，高祖大多令秦朝所留下来的主管祭祀官员，依照秦例办理。改正朔（正就是正月，朔就是初一，正朔也就是年首，照阴阳家的说法，新朝代的年首要配合五行更改）的问题，也没有按照所谓符瑞来定，只依据他十月份在霸上（就是白鹿原，在长安县东）立为汉王，就以十月为岁首。当时的气氛，似乎也没有人认为是封禅的时机。

到了汉文帝时代，有个鲁地的叫公孙臣的人上书，认为汉应当是土德，是土德则会有黄龙的祥瑞，主张要改正朔、色尚黄。可是当时的宰相张苍认为汉是水德，他说黄河在金堤（今河南滑县之东）决堤就是符瑞，年首是十月没错，色要外黑内赤。官大学问大，他这么一说，公孙臣的说法马上被认为“非是”。但没想到第二年，在李广的家乡成纪（今甘肃省泰安县北，相传伏羲氏也在此出生）有人看见黄龙。消息传到京城，汉文帝马上把公孙臣找回来，拜为博士，开始草拟政历及易服色的事情。并且第一次（汉朝）由皇帝亲自主持郊祀，不过他是在五畤举行。改历及易服色，照前述步骤，已经是封禅的前奏了。可是当时发生的一件事，使汉文帝放弃了所有相关的筹备工作。

当时，有一位赵地的人叫新垣平，善于观气。他说长安东北有神气，由五色彩云组成，像人戴帽子的样子。他说那必定是神明住的地方，建议汉文帝要在那个地点建五帝庙。汉文帝采纳了，而且积极要求博士诸生开始策划封禅事宜。

后来新垣平花样越来越多，他对汉文帝说："据说周鼎沉在泗水中，现在黄河决堤而与泗水相通，我看京城东北方的汾阴（今山西省万荣县北，在黄河旁，也就是司马迁出生地龙门的对岸）有金宝气出现，周鼎似乎会在那里。有征兆而不设法相迎，恐怕就没法实现!"

于是汉文帝就下令在汾阴的南面靠黄河的地方盖庙，准备迎接周鼎出现。可是有人上书说，新垣平所说的都是假的。究竟上书的人如何使汉文帝认定是假的，史书上没有详细记载。不过，汉文帝算是没有执迷不悟，他杀了新垣平，还抄了他的家，不再热心鬼神的事情，连带着改正朔、易服色、行封禅的事情，也全部停罢。他儿子汉景帝在位十六年间，仍保持同样的态度。有关祭祀祖宗的事情，也是让相关官员按时代表进行，没有什么新的措施。

汉武帝即位以后就不一样了。他年纪轻轻就对鬼神的事情特别有兴趣，而汉朝开国已经有六十年了，要改正朔、易服色及行封禅大典的呼声也越来越大。我们推测当时天下人之所以提出这种呼吁，可能有几种心理：一种是受阴阳五行学说笼罩下的气氛的影响，认为人与天必须一致，才会达到调和而获得幸福。天既然是土德“轮值”，而土德尚黄（当然，还有其他配合措施），则人间就不能与天相违背。另一种心理可能认为封禅是一种肯定，是对新朝代或新盛世的承认。汉紧接在暴秦之后，代表秦政的水德尚黑、以十月为岁首，如果不加以更改，他们心中是不会平静的。

泰山五大夫松

而秦始皇登泰山却封禅不成，也使他们有兴趣看看自己的汉皇帝成不成。成了，似乎能让他们多一分安心；不成呢？这就好比赌博，当然希望赢，虽然明知道可能输，可是仍然要去赌。

另外还有一种心理是想，封禅肯定了时代，同时也就是肯定了行封禅的皇帝，既然说受命而有功有德的人才，有资格封禅，则鼓动某一位皇帝行封禅，不就是一种歌功颂德的马屁经吗？表面上说天下已经有多少多少的祥瑞出现，皇帝您应该封禅，以便与天相应。实际上不就等于说您真伟大，天都已经出现这么多祥瑞与您的功德相应了？所以难怪司马相如死前留下一封劝汉武帝封禅的遗书。汉武帝看了又听到左右的人加以强调以后，就“沛然（感动的意思）改容”说：“愉乎！朕其试哉。”也难怪有人要怀疑司马相如临死还要拍马屁！

这里要指出的，司马相如是否拍马屁姑且不论，但汉武帝的高兴则是千真万确、毋庸置疑的。不过，不要误会就是这种被歌颂的快乐使他决心去举行封禅大典，汉武帝是个“内心多欲而外饰以仁义”的人。他的做人处事，往往都呈现出多面性，表面是一套，内心又是一套，但最终他还是抓着他认为对自己最有利的那一套。到泰山封禅这件事，他要面临两种人的影响：一类人是，他们希望肯定时代、肯定自己，同时也歌颂了皇帝，但大体是在阴阳家设计的理想里头思考。另一类人就不同了，他们也和阴阳家有关，可是满脑子不是理想，而是幻想、妄想。他们不是要肯定时代，而是要肯定未来；他们不是要歌颂皇帝，而是要引导皇帝，要皇帝透过封禅变成神仙，然后他们仍然要肯定自己——要获得名利。

对汉武帝来说，后者的吸引力比前者更大，这是由于他认为后者对自己比较有利。显然这个吸引力已经使他达到迷惑并且到了执迷不悟的地步，司马迁对这一点有很明显的“暗示”。譬如司马迁二十七岁，李广自杀的那年（前 119），齐地有个叫少翁的人，会方术，他有办法使汉武帝在晚上看到已经死去的宠姬王夫人。汉武帝一高兴就拜他为文成将军，并且以客礼待他，而他也使出浑身解数来表现自己，为汉武帝设计各种方法以便与神仙相通，说皇宫所用的东西都没个神仙的样子，神仙是不会来的，于是他就为皇帝画云气车，而且哪一天驾哪一种颜色的车，都要依据五行相克相成的道理加以排定。又建造甘泉宫，画天地泰一诸神（泰一神据方士生的说法，是天帝中最为尊贵的）的画像，煞有介事地大祭特祭。可是弄了半天，神仙还是没来。叫少翁的术士在黔驴技穷的时候又使出了一记怪招，写一些怪言怪语在绢帛上，把它喂进牛肚子里头，然后假装什么都不知道，指着那头牛神秘地说“此牛腹中有奇”，命人杀牛剖腹，果然有“奇”。但却被认出来是他自己的笔迹，汉武帝一怒之下就把他杀了。

本来这个时候如果汉武帝及时觉悟也就好了，可是偏偏他对神仙之道仍然存着强烈的幻想，杀了文成将军，反而怀疑自己是不是杀错了，并且对于文成将军没能完成他的求仙计划感到很可惜。所以，后来有人推荐另一个能言善道的方士乐大给他，汉武帝又乐得睁着眼睛说瞎话，把文成将军的死说成是吃马肝死的来安抚方士的心，免得方士不敢再言神仙之道。这一招跟前述霍去病射死李敢，却被汉武帝说成被鹿角触死的，有异曲同工之妙。他是不能让任何理由阻挡内心的欲望的。

形势非常明显，在举行封禅大典这件事上，求仙派是比报天派要强得多。由于造成这种形势的根本原因，或说造成汉武帝多欲的心，逐渐一面倒向求仙派的理由，则在谁也弄不清封禅是怎么回事。当年秦始皇想要封禅，就碰到同样的问题，有儒生博士七十多人对封禅的礼仪议论纷纷，最后秦始皇管不了这么多，就仿照在五畤祭祀（当时为四畤）四天帝的礼仪，硬着头皮举行。究竟他仿照而制定出来的礼仪是什么样子，司马迁说：“封藏皆秘之，世不得而记也。”根本没人知晓。既然大家都不知道是怎么回事，这种时候谁会扯、敢扯，谁就能够得到采纳。

所谓报天派，他们认为易姓而王并致天下于太平，然后要进行封禅大典以便报给上天，是战国末年以来社会上普遍接受的观念，主要的领导者是接受阴阳五行思想的儒生。儒生最重视礼仪，最尊崇古礼，但也最拘限于古人，所以报天派虽然最有群众基础，却也是最不会扯，也最不敢扯的一群。

反之，那批来自齐国的求仙派，本来就是一脑子奇谈怪想，想的都是毫无根据、也不需要根据的幻想，谈的当然就可以漫无天际，甚至见人说人话，见鬼说鬼话。反正信则有，不信则无，信不信都在听的人。说到汉武帝的信神，司马迁也毫不客气地调侃。他描写汉武帝信神君。神君是谁？她不过是长陵（汉朝的县名，故城在今陕西省咸阳县东，汉高祖的坟墓是陵，就在此地）的一个女子，因为生孩子难产死掉了，据说死后变成神，在她的妯娌面前现身，于是她的妯娌就在家里把她供奉起来，附近的居民都跑去拜她，都说很灵。汉武帝的外祖母臧儿，听说就是因为崇拜她、信奉她，所以才有后来的荣华富贵。我们前面说过，她硬要汉武帝的母亲王夫人强行离婚，而后到汉景帝为太子时的宫中去，可能就是听从了神君的指示吧！

汉武帝即位后，常常赐给神君厚礼，并迎奉到宫中。后来汉武帝曾经有一段时间生了重病，群医都无法医治，倒是问了神君以后才获得痊愈，从此他就更信神君了。神君对人的指示“闻其言，不见其人”，声音与普通人一样，时来时去，有时白天说话，但大部分在晚上。汉武帝郑重其事地派人把神君说的话记下来，命名叫“画法”，意思是策划之法。司马迁说：“其所语，世俗之所知也，无绝殊者，而天子独喜。其事秘，世莫知也。”汉武帝把神君所说极为平常的话都当成了宝贝，还把它记录成书，真是信则有！

就是因为汉武帝太相信了，所以尽管曾经因为发现有蒙混欺骗的行为而杀了一些方士，他总会认为方士的方术有假的，或者道行不足的，但神仙假不了。而那些方士，一批一批接上来，一批比一批更能摸透汉武帝的心，也更知道如何准备在必要的时候能够下得了台阶，在无功也不致犯过中混水摸鱼。于是，求仙派一天天掌握了汉武帝，而报天派却一天天失去了影响力。以致后来到了重大节日都由求仙派策划，而报天派只有在底下帮忙“打杂”，成为可有可无的可怜虫。这个现象的形成，等于是刺激了死神，一天天逼进司马家，对着司马迁的父亲司马谈召唤。关于方士向汉武帝提出的求神仙长生不老的步骤，最早的是在汉武帝二十四岁，司马迁十三岁那年（前 133），齐地名叫李少君的人终于分成了以下几个步骤：第一步是祭龟致鬼物，第二步是丹沙化为黄金，第三步是黄金制成饮食器并加以使用就可以益寿，第四步见海中蓬莱仙者，最后一步是封禅。

我们分析这些步骤：前三个步骤算是一个阶段，也就是要达成基本条件——长命。先长命然后求不死，如何不死？要见仙人，与仙人沟通，然后举行封禅大典。长命才能见仙人，表示见仙人不容易，要耗费很长时间，必须要有耐性。那么，怎样才算

风景秀美的蓬莱山

长命？老实讲还活着的人根本找不出一个分界点，所以益寿的努力与求见神仙可以同时并行，益寿长命等于只是防万一，求神仙的人会认为自己可能不需要益寿就能见到神仙而后达到不死的目的，那就无所谓需要益寿的问题了。因此，整个求长生不死成仙的过程，最急于要做的就是求神仙和封禅两个步骤。

李少君在世的时候，据司马迁的记载，他所从事的不过是益寿和求神仙，还没提到筹备封禅，可见他是把求神仙放在封禅前面。李少君病死后，“海上燕齐怪迂之方士，多相效，更言神事矣!”。燕国大约在今河北，与山东半岛的齐国同样靠海，同样产生一些好神仙的怪人，并称燕齐之士。他们知道皇帝想求仙长生不死，就一个个跑来呈献求仙的方法。司马迁只记了几个较特殊的人物，例如汉武帝三十八岁那年（前 119）的少翁、四十四岁那年的乐大，他们所做的大体以求神仙为主。但是汉武帝四十四岁那年（前 113，司马迁三十三岁），汉文帝时代那位赵人新垣平所说的宝鼎，果然在汾阴被挖掘出来，据说汉武帝派人前去调查证明了“无奸诈”。这件事在当时想必引起相当大的轰动，因为这是一个极大的祥瑞，呼吁要进行封禅的声音此起彼伏。

这时有一位更聪明的齐人公孙卿提出了他的说辞，他说他握有申功（申功也是懂神仙的齐人）传给他的札书，书上预言汉朝的圣者“在高祖之孙且曾孙也”，那就是汉武帝。又说宝鼎出就能够与神相通及封禅，“汉主亦当上封（泰山），上封，则能仙登天矣”。这段话等于以预言及宝鼎已出肯定汉武帝必定能顺利封泰山。

但是他接着说：“天下有名山八个，其中有三个在蛮夷，有五个在中国。在中国的五山是华山、首山、太室、泰山、东莱，这五座山是黄帝经常巡游而且与神仙相会的地方。黄帝且战且学仙，恐怕百姓非议，凡是非议的都加以处刑。经过一百多年，终于和神仙相通了，最后在鼎湖成仙而去。”

这等于为求长生不死成仙的过程又立下了几个条件：第一，必须经常到中国境内的名山去巡游。第二，巡游只是有机会与神仙相会而已，要成仙还得与神仙相会并达到相通的地步才成，所谓相通就是学通。第三，黄帝学了一百多年才与神仙相通，意思是必须要有耐心；而不准百姓非议，就是要有决心。这三点等于是把求神仙学仙，变成一个无限期的“大事业”，比最初李少君所说的“海中蓬莱仙者可见，见之以封禅则不死”似乎是复杂得多，因为汉武帝求了二十年还没有求得，所以对求仙的复杂性，他可以很容易地接受。尤其是公孙卿提出来的办法，又是黄帝，又是五名山，又是一百多年，人物、地点、时间等，说得头头是道，比其他说法具体得多，怪不得汉武帝听了高兴地说：“吾诚得如黄帝，吾视去妻子，如脱屣耳!”

还有一点值得注意，公孙卿指出黄帝成仙而去是在鼎湖（这个地名是后世传说黄帝在此铸鼎然后成仙而命名，在今河南境内）而不是在行封禅的泰山，配合李少君说的“封禅则不死”与公孙卿说的“上封

黄帝像

则‘能’仙登天矣”，我们可以发现公孙卿已经把前者所说的步骤修正过来了。前者把封禅列为最后一个步骤，而公孙卿则只把封禅当作必要条件，而不是最后一步，他说的最后一步是较为含糊的“与神仙相会且相通”，说穿了，他这一招与李少君说的要先益寿才能见神仙，表示神仙不易见，同样是预留着弹性以求自保，只是比前者弹性更大，更为无止境。但是他与当时宝鼎出，天下祈望封禅的趋势正好配合。

《史记·封禅书》记载：“自得宝鼎，上与公卿诸生议封禅。”可见汉武帝是获得宝鼎以后才作决定的。好大喜功的汉武帝，怎么会在登基之后的二十七年，而且已经痛惩匈奴十四年了，还有距离司马相如遗书劝封禅也已经五年了，才下此决心呢?

方士论调的适时改变，应该是对他有影响的。

公孙卿算是一位未出大纰漏而能够长时间保住性命的“聪明”方士，他出的点子汉武帝也大多采纳了。他那一席话使汉武帝欢喜以后，汉武帝就拜他为郎，命他到太室山（河南境内，中岳嵩山的三尖峰之一）去预备，等神仙出现就请汉武帝去会面。汉武帝本人则依照他的说法，到各名山及其他黄帝去过的地方巡游。

第二年（前 112），三十四岁的司马迁也在侍卫队中，扈驾随行到雍（今陕西凤翔县南，是春秋时代秦国的首都）祭祀五畤。五畤的祭祀在此次以前汉武帝已去过四次了，最近的一次就在一年前。

祭完五畤继续西行，越过陇山，到雍西北方的崆峒山。现在的崆峒山，海拔二千一百二十三米，司马迁在《史记·五帝本

秀美的崆峒山

纪》写道："余尝西至空桐（崆峒）。"指的就是这一次随驾旅行。又说："（黄帝）西至于空桐，登鸡头。"一般认为空桐是地名，而鸡头是山名，崆峒山不是鸡头山。那么，鸡头山是否就是现在的崆峒山？有人认为不一定。总之，汉武帝是怀着求仙的目的而来的。司马迁则趁着这个机会，问当地的老人有关黄帝的一些传闻。

从崆峒回来，又到长安西北方、今陕西淳化县西北的甘泉山，这是方士口中的圣地，说黄帝曾在这里"接万灵"。汉武帝在这里立了"泰一祠坛"，据说祭祀的时候，"祠上有光"。司马谈以太史令主管天时星历及祭祀的立场（详后述）与两官宝舒，奏请在甘泉立"泰畤"，与雍的"五畤"遥遥相对。按照方士的说法，泰一是最尊贵者，五畤所祭祀的五帝不过是泰一的扶佐。因此，从这时起甘泉的"泰畤"成为西汉时代祭祀天帝神祇最重要的圣地。

奉命出使西南

崆峒之行过了一年（前111），三十五岁的司马迁，以郎中身份“奉使西征巴蜀以南，南略邛、筰、昆明”，这事关系到汉武帝经营西南夷。所谓西南夷，以现在的省份划分来说，大约指云南、贵州和四川交界一带以及四川西南部。汉武帝注意到西南夷，是由经营东瓯（浙江南部）、南越（两广和越南）而引起来的。司马迁十一岁的时候（前225）平定闽越后，汉武帝派唐蒙晓谕南越（因为汉军打闽越是因为南越受闽越威胁）。唐蒙到了南越才知道南越西北有个夜郎国（今贵州北部桐梓、遵义一带）。这时南越还没有并入版图，唐蒙建议和夜郎国结成盟友来挟制南越。汉武帝就派唐蒙率兵千人，以赏赐和威吓双管齐下，使夜郎和它旁边的小邑归附汉朝，于是就在那里设置了郡治。

背景知识

西南夷

中国古代西南地区少数民族的总称。公元前3世纪—公元前5世纪分布在今云南、贵州、甘肃南部、四川西南部一带。战国时秦在西南地区置巴、蜀、汉中三郡。西汉武帝至东汉初继续经营，先后置犍为、牂牁、越巂、汶山、沈黎、武都、益州和永昌等八郡。这一地区居民是氐羌、百越、百濮的许多部落。在滇中和滇东北有僰、滇、靡莫、劳浸、叟等；在滇西有巂、昆明、斯榆、桐师、巂唐、哀牢等；在滇东南和黔西有夜郎、句町、漏卧、且兰等；在滇北、川西南有邛都、徙、筰都、摩沙等；在川西北和甘南有冉駹、白马等。

大理（西南夷）发现的大布

西南夷中氐羌占绝大多数。僰在西南夷中政治、经济、文化发展水平最高，接近于汉族。分布在川、滇的有邛僰、西僰和滇僰。汉初滇国居民以僰为主，多定居坝区，农业发达。境内还有劳浸、靡莫和叟杂处其间。叟人即商周时的蜀人，是越巂郡（今西昌一带）主要居民。斯榆即巂、叟，分布于楪榆（今大理）、桐师（今保山）间。巂、昆明从事游牧。与越巂同时设置的沈黎郡（今四川省汉源）则是筰族住地。

这些西南夷中的氐羌部落后来相互融合，成为近代汉藏语系藏缅语族各族的先世。百越和百濮分布在云南南部、东南部和西南部。汉武帝在夜郎（今贵州省西、北部及与云南、四川两省邻接地区）置牂牁郡，是越人聚居地区。汉初牂牁居民多称为僚。濮水（今红河）流域居民鸠僚就是西汉初的滇越。东汉永平十二年（前69）设永昌郡（今大理、保山、临沧、西双版纳、德宏等地区），鸠濮已同闽濮、濮等部落杂居。

当时蜀人司马相如认为邛都（今四川西南的西昌一带）及筰都（今四川中东部的汉源县一带，在四川成都的西南方）也可以置郡，于是汉武帝命司马相如以郎中将前往劝说那些小邦归顺汉朝，邛都、筰都由于贪图汉朝的赏赐也就答应了，汉在那里设置十几个县，隶属于蜀郡（成都）。后来这些西南夷又渐渐不听话，经常反叛。由于这时候汉朝正在集中全国的力量对匈奴发动战争，因此，汉武帝就采纳了公孙弘的意见，放弃西南夷的经营。到司马迁二十岁那年（前126）历尽了千辛万苦回到长安的张骞，带回一项讯息，又引起汉武帝对西南夷的兴趣。他说他在大夏时（今属中亚阿姆河一带）曾看到邛都所产的竹杖和蜀郡所产的布，而大夏人说那些东西是从身毒（印度）买来的。又说大夏在中国的西南方，非常仰慕中国，只是被北方匈奴所阻挡，所以没有办法互相来往，如果能够打通蜀郡到印度的通路就方便多了。

于是四年后汉武帝派遣使者，计划从西南夷通往印度以连大夏。结果那些不知天高地厚的夷人，从中作梗。滇国（在云南滇池一带，是战国末年楚国将军庄蹻因走投无路而建的国家，原来汉朝并没有注意到它）和夜郎国的君长都问汉朝使者“汉朝大还是我大?”，一个个都是不服气的样子。汉朝使者只好回报汉武帝，并强调滇国算是个大国，值得经营。《史记》描写汉武帝听了以后，说：“天子注意焉!”

背景知识

滇　国

滇国蛇形网状器

滇国是我国西南边疆古代民族建立的古王国，其存在时间相当于战国秦汉时期。滇国的疆域主要在以滇池地区为中心的云南中部及东部地区，境内的主体民族是中国古代越系民族的一支，被历史学家惯称为滇族。

西汉武帝时期，汉王朝致力于开发西南地区，并于元封二年（前 109）兵发滇国，降服了滇王，建立了益州郡，同时赐“滇王之印”并允许滇王继续管理他的臣民，滇池地区正式纳入了汉王朝的版图。东汉中期，随着汉王朝郡县制的推广、巩固以及大量汉族人口的迁入，滇国和滇族被逐渐分解、融合、同化，最终消失了，古滇文明彻底失落。

西南夷人形短剑

十年后，司马迁随着汉武帝到崆峒那年（前112），南越反叛了。这一年距离卫青、霍去病最后一次大规模攻打匈奴已经有七年。那次征伐迫使匈奴逃到远方去了，此后北方有二十年没有大规模的战事。汉军虽然因上次征伐失去大量的马匹而实力受损，但对付南越这种国家还是绰绰有余的。

在战争进行中，汉朝除了派水师从现在的湖南、江西南下以外，也以宗主国的权威，命令西南夷出兵助阵。其中有个小邦且兰（今贵州省都匀、黄平、贵定一带）说是恐怕邻国会趁它发兵的时候来打劫而抗命，并且杀了汉朝使者及犍自己当上了郡太守。这些西南夷君长不知道这时汉武帝“闲”得很，自己竟然闯下了大祸。结果，第二年南越国被平定了，在那里设置了九个郡。汉武帝对西南夷“食指大动”，派郭昌等人攻击西南夷，杀了且兰及邛都、筰都诸君主。西南夷各小邦这才如梦初醒，纷纷请求归附。

背景知识

南越国

南越国又称为南越或南粤，在越南又称为赵朝或前赵朝。

南越国是公元前203年至公元前111年存在于岭南地区的汉朝境内的割据政权，国都位于番禺（今中国广州市内），疆域包括今天中国的广东、广西两省区的大部分地区，福建、湖南、贵州、云南的一小部分地区和越南的北部。南越国是秦朝灭亡后，由南海郡尉赵佗于公元前203年起兵兼并桂林郡和象郡后建立。公元前196年和公元前179年，南越国曾先后两次臣属于西汉，成为西汉的“外臣”。公元前112年，南越国末代君主赵建德与西汉发生战争，被汉武帝于公元前111年所灭。南越国共存在九十三年，历经五代君主。

南越国是岭南地区的第一个封建制国家，它的建立保证了秦末乱世岭南地区社会秩序的稳定。来源于秦朝中原地区的统治者，带来了中原先进的政治制度和生产技术，使岭南地区落后的政治、经济现状得到了有效的改善。南越国君主推行的“和辑百越”的政策，促进了汉族和南越国各个民族之间的相互融合，并使汉文化和汉字得以传入岭南地区，改变了岭南落后的文化状况。

司马迁所说的“奉使西征巴蜀以南，南略邛、筰、昆明”，指的就是这个时候。他去做什么呢？《史记》没有详细地记载。但我们可以推测他的任务，与当年的司马相如应该是差不多的，即汉军杀了三个小邦君主示威以后，由他（或还有其他人）去劝说各小邦君主乖乖地归顺汉朝。结果，他去过的邛都，汉朝很快地在那里设越嶲郡，筰都则设沈黎郡。滇国起初仍不服，西汉两年后才用武力予以降服。另外所设的汶山郡、武都郡等，司马迁没提，大概是由其他人负责。

由汉武帝派司马迁代表朝廷去招抚夷邦一事看来，司马迁是相当被器重的。而崆峒之行和这次奉使西南，正好把二十岁那年的大游历没去过的地方补了起来，等于几乎把当时的全中国都游遍了。

这个时候，效法黄帝“且战且学仙”的汉武帝，一面注视战局的进展，一面进行他的求仙“大业”。先前，他决心进行封禅后曾叫儒生草拟封禅仪式，结果五十多个儒生各说各的，弄了几年弄不出个结论。因为他们试图从《尚书》《周官》《王制》等古籍中去寻求依据，但极可能古代根本没有封禅。而祭祀天地性质的典仪则有不少，于是他们有意抄来参考，可是又没有胆量为现实考虑而予以变通组合，或加上无依据的创意，甚至可见的古仪典本身就有很多争议，当然不会有结论了。

汉武帝为此非常烦恼，公孙卿等方士又跑来说，黄帝以上的九皇，行封禅都能与神相通，这令汉武帝更是急着要举行。汉武帝曾问过兒宽的意见，儿宽这个“儒者”，被班固形容为“以称意任职（以称皇帝的意而被任职）”，是个懂得做官的人，他对汉武帝说，封禅这种大典是个非比寻常的大礼，古经籍里都不会有记载的，这种事情只有由“圣主”作最允当的裁决，自行制定。如果任由群臣各执所见在那里讨论，最后一定不会成事。所以请汉武帝“建中和之极，兼总条贯，金声而玉振之，以顺成天庆，垂万世之基”。也就是要有圣德如汉武帝这样的人，以他与天相应的智慧，要怎么办就怎么办，为后世开创一个典型出来。

汉武帝听了，自然是高兴万分，于是决定“自制仪”。既然要自行制定，当然由方士们来拟定最便捷，他们反正不受什么约束。但全听他们的难免要遭天下人的讥笑，所以“采儒术以文之”，仍然拿儒术来装饰门面。

司马迁用“儒术”的术字，可能是指一些祭祀仪式的小细节，而不是典礼的大节目，等于是降低了儒者参预讨论的层次。本来这是汉武帝要“外饰以仁义”敷衍一下天下人，同时也是给儒者留一点面子。可是那些儒生仍一板一眼，绝不违背他们所信仰的古礼。当汉武帝把一些可能是方士所制的礼器拿出来让他们表示意见时，有儒生说“不与古同”，这下使汉武帝对儒生的迂腐感到忍无可忍，干脆下令“尽罢诸儒不用”了。

从此，封禅大典就摆明地由方士们编导，风度也不要了。如果说汉武帝还有一点风度的话，那恐怕就是让报天派和求仙派对封禅的意义又自说自话了，然后他全部接受，反正对他都有利。

这个决心下定以后，封禅的筹备工作就加速进行了。也不知道是谁提的建议，说古时候在行封禅以前要“振兵释旅”，也就是要收缴兵器，解散军队，杀伐的事情要先停止。

这时南方战事大体已经平定，汉武帝最在意的还是北方的匈奴，于是，他勒兵十八万，出长城到河套北岸一带，旌旗连续千余里，神气活现地对匈奴示威一番。还派使者到匈奴单于帐内威胁单于：“南越王的脑袋已经悬在大汉的北阙（宫殿北边的门观），现在，单于你要是还能再战，大汉的天子已在边境等着，你来好啦！如果不能战，干脆投降，南面而向大汉称臣，何苦在这苦无水草的沙漠中逃来窜去!”单于听了大怒，斩了主张接见汉使者的人，并扣留了汉使者。但单于也被吓得整队迁移到北海（贝加尔湖）的北面去了，不敢再出来。

黄帝陵

汉武帝得意地率领大兵南下到达了桥山（陕西中部）祭祀黄帝陵，然后就罢了兵。他曾疑惑地问："黄帝不是不死吗？怎么会有坟墓?"

公孙卿很机智地回答："黄帝已经成仙登天了，这个坟墓是群臣思慕他才建立的，葬的是他的衣冠!"

汉武帝对这个答案非常满意，而且还感叹地说："这么说来，将来我要是成仙升天了，群臣也要把我的衣冠葬在东陵（汉武帝为自己预备好的坟，叫茂陵，早已造好，因在长安之东所以叫东陵）啰?"

这是冬天的事情，因为还没改历，仍属于年首。到了春天，大队人马正式展开了封禅有关的活动。他们的第一站是公孙卿持节候神仙的中岳太室山。下一站就是行封禅大典的泰山，不过仍然由方士安排，就如同当年的秦始皇一般，在正式封禅前要先东游海上。

父亲的含恨亡故

业已完成使命的司马迁，急着要向汉武帝汇报，他来到洛阳。这里应是汉武帝这次活动必然要经过的地点，太室（嵩）山就在洛阳东南方。司马迁到达洛阳的时候，还没有赶上汉武帝的封禅队伍，却意外地发现他的父亲太史令司马谈，被留在洛阳没有随队东去，而且眼看着即将死去。关于这件事，司马迁是这样记载的："是岁，天子始建汉家之封。而太史公（指司马谈）留滞周南（洛阳），不得与从事，故发愤且卒。"

司马谈去世的地方

可见司马谈是被活活气死的，不是生病死的。那么，为什么呢？我们一开始谈封禅和汉武帝的求神仙，为的就是要有充分的背景来了解司马谈为何而死，而司马谈的死，之所以要费那么大功夫去了解，则是因为他的死对司马迁的一生有着莫大的影响。

首先，我们先看看司马谈和封禅的关系。他所担任的太史令，在三公九卿的划分中，是属于太常。太常主管宗庙礼仪，其属官除了太史以外，还有太乐、太宰、太卜、太医等。这时的太史令，与后来的史官并不完全一样，而与汉以前的史官较为接近。它与天文、宗教是合而为一的，《后汉书·百官志》记载它的职责为："掌天时星历，凡岁将终，奏新年历，凡国祭祀丧娶之事；掌奏良日，及时节禁忌，国有瑞应，掌记之。"可见封禅这种祭典的筹划及进行，是太史令职责所在，也是太常所领导的"单位"理所当然的主要业务。

在研拟封禅礼仪的过程中，用现代的话说，主办或执行单位应该是太常领导的"单位"。但因为没有人弄得清楚封禅是怎么回事，于是由最重礼仪的儒生参预协办。另外，汉武帝宠信的方士们，起初也等于是与儒生相对的协办人员。在这几种关系中，太常的立场会是如何？很显然，除了一部分在当时已被普遍接受的阴阳家观念以外，太常与方士是难以相合的，尤其是方士的求神仙谬论及无根据的怪说，太常不会与他们苟同才对。相反地，与儒生之间却较有可能志同道合，因为他们掌管宗庙祭祀，他们敬重的就是天、就是祖宗。既然敬重祖宗，他们就会与儒生一样尊重传统的、祖宗留下来的规矩。因此，这一场礼仪的争论，太常势必和儒生站在一边，与方士们对抗，而司马谈的立场与太常是一致的。

司马迁记述汉武帝尽罢诸儒而不用的时候，提到有位博士徐偃，曾经对汉武帝说："关于礼仪的执行，太常和儒生们其实不如鲁国人士做得好。"于是有位叫周霸的鲁国儒生，就被请来协助筹备事宜。结果，当汉武帝不耐烦地决定罢黜诸儒不用的时候，徐偃与周霸都被罢黜。这一段记载一方面可以看出太常与儒生是执行礼仪的设计人；另一方面也可以知道，汉武帝虽然气极罢了儒生，改由方士规划，但并没有气到连太常也不用的地步，因为再怎么样他们是公认的礼典执行人，而方士所谓的规划也不过是加上一些求神仙的东西，以配合他们主张的封禅意义而已，很多基本的仪节还是要太常及他的下属官员执行的。

我们看后来实际举行的封禅大典，对泰山采取的是郊祠泰一的礼仪，禅梁父则采取的是祭后土的礼仪，这些礼仪都是原来就有的。只是在泰山的祭台下有所谓“玉牒书”，很神秘。司马迁说不知写些什么，论性质应属祭祀所用的祷词之类的东西，而祭祀祷词一般都是公开的，有人怀疑那就是方士安排的登仙祷词。

由此我们可以推断，当封禅队伍从长安出发时，司马谈仍然以太常底下掌管祭祀的承办人身份随队而行，这时他还是个执行礼仪的主要角色之一。快要到第一站中岳太室山的时候，在洛阳必定发生了一次严重的意见冲突，使他被“滞留”在洛阳失去参加封禅大典的机会。

汉武帝与无字碑

究竟是什么冲突？在时间和地理位置的因素上来看，大队人马很快就要到太室山了，也就是马上要进入执行的初步阶段，他们一定在洛阳对包含太室山以后行程的诸细节有所探讨和做出最后的决定。在那种讨论的场合，司马谈自会站在本身立场极力发言。他们讨论的应是礼仪的问题，而礼仪如何安排当然要受礼仪所含的意义的影响。

关于封禅的意义，相信全天下除了汉武帝和方士以外，应当不会有人在心里认为那是为了求神仙。因为报天意义的封禅，可以让每个人肯定自己的时代及幸福，而求神仙不过是个人的私欲而已。无论怎么说，司马谈不可能与方士一般见识，并且会以史官传统的执着，对变了质的封禅的安排发出忍无可忍的表白。这种表白也许是汉武帝直接听到的，也许是间接听到的，但在那个“方士环绕，求仙第一”的时候，司马谈必定难逃被认为碍事而罢黜不用的命运。于是，他被留在洛阳。他气得倒在床上，拉着司马迁的手哭着说：“今天子接千岁之统，封泰山。而余不得从行，是命也夫！命也夫！”

他到临死仍强调封禅是“接千岁之统”的报天大典，连续的“命也夫、命也夫”表示他完全接受当时普遍认定的封禅观念，而以不能参加为一大恨事！更令他气愤的恐怕是他怀着史官的使命感，眼看着封禅被神仙化，却无力拦阻。俸禄仅六百石的太史令能做什么呢？他想起了那支威力无比的史笔，还有他未完成的写史计划，他把一切希望都寄托在儿子司马迁的身上，他用他生命仅存的一点力气说出了他临终遗言。这段遗嘱非常重要，先将全文照录如下：

余先周室之太史也。自上世尝显功名于虞夏，典天官事，后世中衰，绝于予乎？汝复为太史，则续吾祖矣！今天子接千岁之统，封泰山。而余不得从行，是命也夫！命也夫！余死，汝必为太史。为太史，无忘吾所欲论著矣！且夫孝始于事亲，中于事君，终于立身，扬名于后世，以显父母，此孝之大者。夫天下称诵周公，言其能论歌文武之德，宣周邵之风，达太王王季之思虑，爰及公刘，以尊后稷也。幽厉之后，王道缺，礼乐衰，孔子修旧起废，论《诗》《书》、作《春秋》，则学者至今则之。自获麟以来四百有余岁，而诸侯相兼，史记放绝。今汉兴，海内一统，明主贤君忠臣死义之士，余为太史而弗论载，废天下之史文，余甚惧焉，汝其念哉！

背景知识

后　稷

古代周族的始祖。传说有邰氏之女姜原踏巨人脚迹，怀孕而生，因一度被弃，故又名弃。后稷善于种植各种粮食作物，曾在尧舜时代当农官，教民耕种，被认为是开始种稷和麦的人。

后稷，他的母亲姜原为帝喾元妃。姜原到野外的时候，见到巨人脚踏的痕迹，她就用脚去踩巨人留下的脚印，回到家后就因此而怀孕了，生了一个儿子。姜原认为这是妖孽，就把婴儿丢到了街巷里，牛马从他旁边过时都不踩它；姜原又把他带到山林里准备丢弃，但是当时林中的人太多，就没有丢弃；姜原又来到了河边，把婴儿丢在了冰上，鸟儿都飞来用羽翼为他取暖。姜原这才认为自己的儿子肯定不平凡，于是就把他抱回家抚养长大了。最初因为想丢弃他，所以就为他取了“弃”这个名字。

后　稷

弃为儿童时，好种麻、菽。成人后，好耕农，根据土地的特性，来种植谷物稼穑，老百姓都仿效他，跟他种植谷物。尧听说了，就封他为农师，天下百姓都因此得到了益处，从而他立了大功。于是又赐封弃于邰，号曰后稷，别姓姬氏。

我们分析司马谈对司马迁说这些遗言的意思：

首先，他以太史为司马氏的祖业，在他以前曾经中衰好几代了，他唯恐自己一死，又要中断，所以希望司马迁能够接棒。然后他很肯定地认为他死后，司马迁必定会被任命为太史，接替他的职位。他提出自己最大的期望，希望司马迁能够在太史任期内继续完成他想做而已经没有机会做的“论著”计划。提出这个期望后，以下的话等于是对这个期望的强调和解释。他先引用孝经的话，表示司马迁若能够完成他的期望并且能扬名于后世，为父母争气，站在他个人立场，等于是司马迁已对他尽了孝。而站在文化的立场，他的眼光可就远了。他说周公之所以伟大，是因为他能记载以前的周朝祖宗的德风，能够让《尚书》及《诗经》在后世广为流传。在周厉王、周幽王以后则是靠孔子把几乎要衰亡的文化历史，加以整理流传下来了。孔子所作《春秋》，从其记事的最后一年（鲁哀公十四年之西狩获麟）到他们的时代，中间不但同样经历乱局，而且已经由乱世到了太平盛世，更应该有人继承孔子，把文化事业加以延续。因此，从这个观点看，他交代司马迁要从事的工作，是延续文化的大事，是希望他做第二个孔子。

司马谈所欲论著的，或许在平日就已经对司马迁说过，司马迁可能已经有了相当的了解，也可能已经实际参与了这件事情（例如东南大游历就很可能是帮助他父亲搜集写史材料）。但在这种生离死别的时刻，生命垂危的父亲，激愤并哭泣地拉着儿子的手交待临终之事，那就不是普通的“交付办理”而已，而是一句一字，句句震撼他的心胸，字字刻骨铭心！

在那个大时代里，以司马迁的才华，又有幸赶上新制度而荣登可作为晋身台阶的郎官的职务，并获得汉武帝信任奉使西南，他对前途的视角必定不会窄，也不会小。父亲的遗命，虽不敢说已经把他的视角固定在某一个方向上，但无疑地，已经在他心里埋下了一颗坚实的种子。这颗种子除了包藏着文化的使命以外，不容忽视的，还蕴涵他父亲的激愤以及这份激愤背后，在权势摆弄下所产生的荒谬而不平的冲击。

三十六岁的司马迁听了父亲的遗命后，俯首流涕地说：“小子不敏，请悉论先人所次旧闻，弗敢阙。”他答应了。于是，这颗种子成为日后他遭逢一生中最大的灾难而自认为形同苟活的时候，唯一能够燃亮他生命火焰的火种。

《史记·封禅书》最后是这样写的：“余从巡祭天地诸神名山川而封禅焉。入寿宫侍祠神语、究观方士祠官之意，于是退而论次（论定次第），自古以来用事于鬼神者，具见其表里，后有君子，得以览焉!”

司马迁的铜像

这段评语是说，司马迁是在实际参与汉武帝的巡游祭祀及封禅大典后，以及亲眼见到汉武帝信奉的寿宫神君，附巫者的身体而传神语的实况，然后透视那些主其事的方士、祠官的真实面目以后，再述说自古以来用事鬼神的种种，而能够“具见其表里”的。这个“具见其表里”正说明了司马迁写《史记·封禅书》的旨趣，是冷眼旁观那一幕幕各怀鬼胎的鬼神闹剧。那些方士、祠官表面上是在祭祀鬼神，心里面实际上是逢迎汉武帝的心意，以求取自己的功名利禄；而汉武帝表面上是因为符合受命、功至、德洽、暇给四大条件，以至于应天人的殷切希望，而进行封禅大典，实际上则是在妄意封禅可以长生不死。如此这般的表与里的尖锐对照，正可为他父亲的“气愤”而死，给予最佳的解释，也为汉武帝的“内心多欲而外饰以仁义”增加一项说明。

不过，显然司马迁对当时天下人普遍接受的报天意义的封禅，并没有产生根本的怀疑。他只是因“莫知其仪礼”不知如何进行典礼才困惑罢了。

护驾东游

司马谈对儿子说出临终的遗命后，究竟是马上就逝世了，还是依然长卧病塌，司马迁没有详细记载，但他既然用“且卒”两字，恐怕拖也不会拖多久，很可能在洛阳就为他父亲办了后事。然后因为任务在身，继续追赶封禅的大队人马，以便向天子汇报奉使西南的成果。

司马迁有没有赶上太室山的祭祀，无法考证。但泰山封禅以后的行程他是赶上了。不过，他并没有机会看到全部的实况，也许是汉武帝因以封禅为求仙步骤而感到心虚，或者怕重蹈秦始皇的覆辙，在上封途中受阻从而被天下人耻笑，所以封泰山的最后一个程序，即在泰山下的祭礼完毕后上封泰山顶，他仅让最亲信的贴身侍卫，奉车子侯（已死的霍去病的儿子）陪他上泰山，但“其他事皆禁”。

他们在山上做了什么、发生了什么，没有人知道。接下去就是群臣和方士们的道贺，方士们更说既然天子上封泰山而没有碰到风雨的阻挡，表示神仙“若将可得”，即差不多可以求得了，鼓励汉武帝继续努力。

于是，司马迁有机会跟着大队人马到了东边的海上，观看汉武帝为求见蓬莱仙人所作的安排。可惜，先前单独一人陪汉武帝上封泰山的奉车子侯突然暴病死了。神秘的典礼，神秘地死了人，谁也无法准确地说出霍去病的儿子为何而死，他年纪

汉武帝泰山封禅图

轻轻，用“暴病”两字应再恰当不过了，司马迁只好这样记载。但据说方士们都以子侯得仙，告诉大家他的死“不足悲”，真是天晓得！

司马迁又随大队人马从东边海上转到碣石山。这究竟是现在的什么地方，有好几种说法，甚至有的人认为这里已经沉没在大海中了。碣石山大体在今河北省东北边、山海关以南沿海一带。其中有一种说法即今昌黎县北十里的“仙人台”，可见也是方士们所说神仙出现的地方。从碣石山再往北边去，经辽西沿着长城到五原（秦代的九原，汉朝作五原，现在有五原县，在内蒙包头西北方，河套北岸），然后南下到陕西中部的甘泉，也是方士口中的圣地。

从四月封禅泰山梁父，到甘泉才五月间，借着直道的便利，只花了一个月时间，走了一万八千里。这次旅游对司马迁来说，收获最大的就是目睹了万里长城，也亲身经历了使燕、齐之士产生奇幽幻想的东方海边。他在《蒙恬列传》的评语中说，他从北方边境经直道到甘泉再回到长安。

背景知识

蒙　恬

蒙恬（？—前 210），秦始皇时期的著名将领，祖籍齐国。传说他曾改良过毛笔。

秦始皇二十六年（前 221），蒙恬被封为将军，攻齐，因破齐有功被拜为内史（秦朝京城的最高行政长官），其弟蒙毅也位至上卿。蒙氏兄弟深得秦始皇的尊宠，蒙恬担任外事，蒙毅常为内谋。当时号称“忠信”，其他诸将都不敢与他们争宠。

秦统一六国后，蒙恬奉命率三十万大军北击匈奴。收复河南地（今内蒙古河套南伊克昭盟一带），自榆中（今内蒙古伊金霍洛旗以北）至阴山，设三十四县。又渡过黄河，占据阳山，迁徙人民充实边县。其后修筑西起陇西的临洮（今甘肃岷县），东至辽东（今辽宁境内）的万里长城，把原燕、赵、秦长城连为一体。长城利用地形，借着天险，设置要塞，有力地遏制了匈奴的南进。后受遣为秦始皇巡游天下开直道，从九原郡（今内蒙包头市西南）直达甘泉宫，截断山脉，填塞深谷，全长一千八百里，可惜没有修竣完工。蒙恬征战北疆十多年，威震匈奴。

秦始皇三十七年（前210）冬，秦始皇游会稽途中患病，派身边的蒙毅去祭祀山川祈福，不久秦始皇在沙丘病死，死讯被封锁。胡亥即位，便遣使者以捏造的罪名赐公子扶苏、蒙恬死。扶苏自杀，蒙恬内心疑虑，请求复诉。胡亥杀死扶苏后，便想释放蒙恬。但赵高深恐蒙氏再次贵宠用事，对己不利，执意要消灭蒙氏。便散布在立太子问题上，蒙毅曾在秦始皇面前毁谤胡亥，于是胡亥又囚禁了蒙毅。子婴力谏，认为不可诛杀蒙氏兄弟。胡亥不听，杀蒙毅。又派人前往阳周去杀蒙恬，蒙恬被迫吞药自杀。

直道是秦始皇三十五年（公元前212年，即秦始皇驾崩的前一年，也是坑儒于咸阳的那年）才建成的，从五原直通甘泉。他说当年秦始皇初灭诸侯，天下的人心未定，所受的创伤也还未恢复，蒙恬作为一名将，在那种时候，不施以强谏，请秦始皇先解决社会、民生问题，却仍一味地“阿意兴功”，轻率地滥用民力，去修筑长城和直道，到最后蒙恬兄弟或被杀死或吞药自尽，

“不亦宜乎”？

这一段感慨大概也是因为此次旅游才触景而生的吧！这一年是元封元年（元封就是第一次封禅，公元前 110 年）。除了封禅以外，司马迁也目睹了汉武帝财经政策的成果。

古长城图

汉武帝为了实行他的雄图大略，授实权给法家人士，为他充分集中国力，其中法家有一项重大的责任就是要尽可能开发财政来源。其方法可归纳为两大类：一是扩大课征杂税；一是加强国营事业的经营。后者又分为专卖的与非专卖的国营事业。实行专卖的有盐、铁和酒，非专卖的则有均输与平准两法。均输的办法是各郡国每年按规定应该献给皇帝的土产，不必运到京城，可以交由设在各地的均输官转运到市价比较高的地方去卖，收入归中央政府。平准的办法是在京城设立平准局，搜罗天下各地的各种货物，价钱便宜的时候买进来，价钱贵的时候卖出去，一方面可以平抑物价，一方面政府可以获得利润。为汉武帝主持这些财经政策的是洛阳商人的儿子桑弘羊，他很了不起地使国家财政在汉武帝的挥霍之下不至于枯竭，并使物价保持平衡稳定。

元封元年（前 110），正是平准法施行见其成果的一年。司马迁亲眼看到，而且在《史记·平准书》中这样写道：“于是天子北至朔方，东到泰山，巡海上，并北边以归。所过赏赐，用帛百余万匹，钱金以至万计，皆取足大农。”大农就是大司农，是九卿之一，主管全国财政。

这次封禅大典，汉武帝所花费的亘大开支及赏赐等，都是使用的由于平准法的实施而带来的财政收入。不过，这种以吏为商，与民争利的办法，却渐渐产生了流弊，司马迁写的《史记·平准书》就是观察了那些现象而作的记录。

第二年（前109）方士公孙卿又说他见到了山东东莱山的神仙，神仙说想见天子，于是司马迁又有机会跟随着汉武帝东巡了。先到緱氏城（太室山就在附近），然后来到了东莱山，留宿了好几天，根本没遇到什么神仙。

那年天气大旱，汉武帝回来的途中在万里沙（东莱郡掖县之北）祷雨，然后再去祭祀泰山，祭祀完泰山来到了河北南部，今濮阳县南的瓠子。早在二十二年前（前 131，司马迁十五岁那年），黄河就在此决口，大水流向东南。汉武帝曾命人治河，但总是修好了又坏，而当时的宰相正是汉武帝母后的同母异父的弟弟田蚡，他有一部分封邑在黄河的北边，黄河是在瓠子南面决的口，正好使他的封邑没有遭受到水灾。于是他对汉武帝说：“江河之决，皆天事，用人力加以强塞，未必能与天意相应。”另外一些观气者也持同样的看法。

著《廿二史考异》的钱大昕认为，田蚡这个见解是“老成谋国之言”，说他为了自己的私利阻止整修瓠子口的工程并非公论。不过，不论怎么说，汉武帝从此就有二十二年没再理会这个问题。

这年干旱，汉武帝先命汲仁、郭昌率领几万人去进行塞河工程，等他祭祀完泰山后来到瓠子，他命令所有随从的群臣、侍卫，从将军以下，一律带着薪柴或竹子，在黄河决口处，密密地插成一道“墙”，并把土石填在里面以塞河。另一种说法认为是用竹片编成长四丈、大九围（五寸一围）的大袋子，里面盛石子，由两船夹载到适当位置下水填塞，这个工程叫作“下竹楗”。

这次天子亲自领导的塞河工程，就是历史上有名的“负薪塞河”之役。司马迁实地参加了，汉武帝除了命人塞河以外，也亲自祭河，把白马玉璧投入河中，并且因为还怕无法成功，特地作了《瓠子之歌》。

司马迁说：“余从负薪塞宣房，悲瓠子之诗，而作河渠书。”宣房或可作“宣防”，是指因这次工程而在瓠子盖的宣房宫。“防”就是塞河防水灾，“宣”则是为河水另开两条通路加以疏导。《史记·河渠书》就是司马迁在这次实际参与中有所感触和对《瓠子之歌》的感慨才作的。

第四篇　继承父业任太史令

诗三百篇，大抵贤圣发愤之所作也。

——司马迁

出任太史令

司马谈在临死时对司马迁说："余死，汝必为太史。"负薪塞河的第二年（前 108），三十八岁的司马迁果然被任命为俸禄六百石的太史令。这一年，距离卫青、霍去病最后一次大规模出击，使匈奴被迫逃到远方已经有十一年了。距离南越平定也已经三年了，西南夷含滇国之内属则已完成一年。在东北方面，这一年灭了朝鲜卫氏，在其

中年时期的司马迁

地设立了四个郡。西域方面，这一年击破了杀汉使的楼兰、车师两国，从此汉使西行可以无阻。另外，今青海及甘肃西南部、四川北部一带的西羌，也已经平定三年了。

所谓太史令，在战国以前并无太史令，只有太史（写作大史，“大”字读“太”）。在周礼，属于春官，春官除了太史以外，还有太祝、太卜等，掌邦礼，以事神为主。司马迁说他的祖先是“文史星历，近乎卜祝之间”，指的就是古代太史的性质。太史令最初的职务是记言记事，而古人最重视鬼神灾祥的事情，所以既记人事（文史），也记天事（星历），古代史官是与历官不分的。汉朝距离周代很近，这种做法仍然保存，太史令等于是太祝、太史和太卜三项合而为一的职位。

伏案写史的司马迁

说到司马迁担任太史令，就会使人联想到他写的《史记》。是的，担任太史令与写《史记》确实是有关系。但有一个观念必须弄明白，我们可以说司马迁担任太史令，所以他有办法或较有可能写成《史记》，但不能说他担任太史令，所以他必须写《史记》或写史。

所谓史书有广义和狭义的区分，广义的史书是泛指凡可依据的记史的书。狭义的史书则是指有组织、有体例的书。依照狭义的史书来说，编年体的《春秋》才是中国的第一部史书。那么，为什么说“担任太史令则必须写史”是错的呢（此处的写史指的是写狭义的史书）？因为在司马迁的时代，还没有官方修史的制度。真正的官方修史，要到唐朝以后才有。

就实质上说，古代所谓史官掌管星历及记言、记事，其所记的言与事，用现代的话说，不过是史料而已，只能说记下来存档，并没有加以运用，组织编写成一本史书。表面上是因为没有官方修史制度，史官还没有这个责任，实际上则是史书的体例还没有被发明。孔子作《春秋》立下了编年体的典型，到了司马迁，则开创了以人物为中心的纪传体。

司马迁是开创者，而不是依例行事，或依职务办理。因此不能说他是太史令，所以他必须写《史记》。《史记》是他个人的私家著作，是接受父亲遗命，是自比于孔子所修的《春秋》以及个人受了挫折及侮辱而发愤等几个因素所促成的。而且事实上，《史记》并不是在他担任太史令任内完成，与太史令的职务，并无职责上应该或必然的关系。不过，太史令这个职务确实是他完成《史记》的不可或缺的条件。因为这时的太史令除宗教方面的职掌以外，还负责保管官方典藏的文书及掌握得到的历代史料。又因为要负责记载当代时事，规定天下各级政府的政务报告（以有数字者为主）在呈送给丞相的同时，要分送一份给太史令，或说呈送丞相之前，要先送给太史令，以便作为记录的依据。而这些东西都是写史所必需的材料，也是民间无法接触的，若非太史令是难以接近的东西。所以说司马迁担任太史令，他才有办法或较有可能写成《史记》。也因此司马谈的遗命说："为太史，无忘吾所欲论著矣!"把"为太史"作为"论著"的先决条件。

关于太史令，司马迁也是个分界点。司马迁是最后一任的宗教、星历与记言、记事合一的史官。在他以后，两者就开始分途，太史令只管占候星历，而不管记言、记事的事务，唐朝改太史为司天台，其主管叫司天监或太史令，到明朝又改为钦天监正，很符合它的实质内容。至于记言记事的史官，从他以后就不叫太史令，而叫著作郎、起居史、起居舍人等，分工较细。到元朝以后，又以翰林院兼掌修史之任。所以明、清两代的士子，如果入了翰林，往往自称"太史氏"，又在他们的门匾上写着"太史第"。他们所谓的太史，又恢复到司马迁以前的意义。

《史记·太史公自序》写到他被任命为太史令的时候说："而迁为太史令，䌷史记石室金匮之书。"石室金匮就是国家藏书之处，䌷就是缀缉的意思。看来，这应是令他兴奋而感到丰富的生活。

另一方面，太史令也管祭祀的事情。汉武帝因为敬鬼神和求神仙，经常到处巡游祭祀名山大川等，而不论是以管祭祀或者管记事的立场，他都要护驾随从。他上任的第二年，又随汉武帝巡游到达了雍，祭祀五畤，然后到回中（今陕西陇县西北），出萧关（宁夏固原东南部），绕了一个大圈，往东到鸣泽（河北省张家口东南方的涿鹿），再转向西南经山西北部的恒山回京城。司马迁在《史记·五帝本纪》所说的"余尝西至崆峒，北过涿鹿……"中的涿鹿，就是这次巡游经过的。

第二年（前106）汉武帝又到南方巡游，司马迁随行先到南郡（今湖北一带），又到今湖南南部宁远县的九疑山，传说虞舜葬在这里，于是在此举行祭祀大礼。然后到天柱山（今安徽潜山县西北）。从浔阳（今江西九江）改经水路到枞阳（今安徽安庆市北部），扈从队伍十分浩大，《汉书》上说在江上“舳舻千里”。五十一岁的汉武帝据说还亲自射死了江中发现的一只蛟。又经过鄱阳湖，沿途巡礼名山大川，向北到琅琊（今山东诸城县东南）及山东沿海，再到泰山增封。并且学习古代天子，在此处接见诸侯王、列侯及接受各郡国呈报的账目。

舜 帝

这一年，大将军卫青去世，这似乎是汉武帝时代盛极而将衰的讯号。一代名臣、勇将多半已经不在了，李广、霍去病已死了十几年，那位协助汉武帝严厉控制天下的法家人物张汤，也死去将近十年。而卫青的去世，使汉武帝更感到人才即将殆尽的危机，于是他以“盖有非常之功，必待非常之人”而下诏求才。

这年前后可说是人才交替的时期。司马迁本身接替了父亲的位子担任太史令；外戚方面，卫子夫时代的卫氏时代早已结束，卫青的死等于是为卫氏时代加上一个句号，代之而起的将是李氏。抑郁的关西军人，李广的第三代，已经长大成人，也准备在下一幕的汉和匈奴的战争中登场。而这三方面的“不期而遇”正为司马迁后半生遭逢的悲惨命运，徐徐揭开了序幕。

《太初历》和《史记》

公元前 104 年，司马迁四十二岁，有两件重大的事情在进行。其中一件是完成于这一年，另一件则是从这一年开始。

完成的那件大事就是《太初历》的制定。我们前面说过，按照阴阳家的说法，人类的活动，恒与天相应，新朝代的创建，就是天上五德轮值的反映。秦自认为是水德，于是所有的制度必须与水德配合，包含以十月为岁首、色尚黑、数用六等等。

汉朝属于什么德呢？自从前述汉文帝时代的公孙臣主张为土德，并且在甘肃出现黄龙与土德确实相应以后，就没有什么争论了（照阴阳家说，土胜水，而事实上汉代秦，也正好符合）。大家心里只剩下一个盼望——什么时候改制？

这一年是汉武帝行封禅大典的第七年。司马迁、方士公孙卿及壶遂等人，向汉武帝建议："历纪坏废，宜改正朔。"于是正式进行改历工作，主办人无疑是主管天时星历的太史令司马迁。最初由司马迁与公孙卿、壶遂及侍郎尊，还有一位叫射姓的，组成筹备小组。后来他们发现以他们几个人的能力还无法完成改历的推算工作，于是向各界招募治历的人才。结果招选的二十多人，其中较重要的人物有邓平及方士唐都和一位如神仙般隐者落下闳。他们的作业详情不得而知，最后的诏令指示司马迁采用邓平所造八十一分律历，再经过一道复核手续后终于定案，并任命邓平为太史丞（太史令的副职）。又据说汉武帝想拜落下闳为侍中，闳不愿意接受并离开了朝廷。

这部《太初历》，显然不只是把正月定为年首（改正朔）而已，而是全面改订，奠定了我们现在所用的阴历的基础。除了改历以外，也正式宣布色尚黄、数用五、更官号、协音律。所谓数用五，例如官印要用五个字，丞相印刻成“丞相之印章”。更官号例如改郎中令为光禄勋、改大行令为大鸿胪。

论到汉武帝下令改历的动机，由于大批方士的参与（邓平不是方士），使我们不得不再检视一下，是否又与求神仙有关呢？

第一个令我们怀疑的，按照阴阳家所说盛衰循环的步骤，圣人受命后天会降符瑞，大降符瑞后就要推德定制（改制度以相应），然后再行封禅即告成功。可是汉武帝的做法，是先封禅，七年以后才改制度。即便是同样求神仙的秦始皇，也是先改制度后行封禅的。汉武帝这个做法很可能也是受方士影响的结果。如何影响的，史书上还找不到明确的证据。司马迁在《史记·历书》中，有关《太初历》的制定经过，实在是有些语焉不详。

我们前面的叙述，有不少是引自《汉书·律历志》的记载。司马迁只说：“至今上即位，招致方士唐都。分其天部，而巴（郡）落下闳，运算……”至于在改历过程中起到过重要作用的邓平，连一个字也没有提到。

还有，《汉书》所说，司马迁与方士公孙卿及壶遂向汉武帝建议的一段，《史记》也没有记述，仅在《史记·韩长孺列传》的最后评论中提到“余与壶遂定律历”。这样两相对照之下，其间是否有什么隐意？我们看看他记载汉武帝决定改历时说的一句话也许可以给我们一些答案。汉武帝说："盖闻昔者黄帝合而不死……"《史记集解》引孟康（三国时代魏国人，注《汉书》）的注释：合即作、作历的意思，历终而复始，无穷无尽，所以"不死"。原来方士所说"黄帝造历得仙"是取历可以随天地年复一年，永远循环下去的意思。可见汉武帝下令造《太初历》，还是与神仙有关。只是我们还没办法找到证据，证明他是在方士灌输给他某些观念以后，才下的决心。

还好，造历这种事情，不像封禅，反正没人弄得清楚，可以乱来。虽然动机有杂质，仍不致脱离应有的轨道。那位重要的参与者，像神仙般的隐者落下闳，显然也与方士的汲汲于名利截然不同。

尽管皇帝的动机有些问题，但不会影响到事情本身的价值。司马迁站在职责的立场上，指出原来的历法"坏废"必须更正，也表示这个改历行动有其必要性。只是，易服色、改正朔，"洛阳少年"贾谊早就提出，却等了那么多年才实现，而且在封禅以后才决定实施，实施的时候又有部分专以求神仙为务的方士参与这中间。在这种情形下，著作时间在前的司马迁《史记》，与其后的班固《汉书》相比而发现这些"异样"，究竟司马迁心里在想什么，实在是颇堪玩味！

除完成《太初历》以外，另一件发生在同一年的大事，就是司马迁开始执笔写《史记》。这部旷世巨著，一共一百三十篇，五十多万字。从这年算起，大约花了十四年时间才完成。这部书的完成，正是我们今天为他写传记的原因。我们不便在此对这本书费太多笔墨，有关的研究，一两千年来不断地在继续，不断地有新意。我们在此只要看一下它的气势与规模。

时间范围：是从黄帝写到汉武帝太初年间，即他执笔的时候，也就是从古到今，前后两千多年，是“通史”。

空间范围：东起朝鲜半岛，西至里海东部，西南到印度，北自西伯利亚贝加尔湖以南，南至印度支那的越南。也就是当时的汉人眼中的世界。因此，他的野心是要写成“世界史”。

人物的范围：帝王、后妃、王侯、贵族公子、官僚、政客、学者、军人、刺客、游侠、循吏（好官）、酷吏（恶官）、商人以及演戏的、看病的、算命的等各阶层、各行业的人都有。

事物的范围：有政治、军事（律书）、宗教（封禅书）、经济（平准书）、音乐（乐书）、天文星象（天官书）、历法（历书）、水利工程（河渠书）、社会民情（货殖列传）、国际外交（四夷传）等人类各方面的活动。

创立的体裁：传记分为三类，“本纪”写帝王、“世家”写诸侯、“列传”写各种名人。除传记外，还有“表”，包含帝王、诸侯、将相和名臣的年表，以及“书”，记述经济、文化、制度各方面的活动。如此经纬交织而成的严密体裁，为历代正史所遵循。因此自《隋书·经籍志》以来，《史记》被奉为正史之祖。

这一年，距离司马迁被任命为太史令已经有四年了。在第五年，他已把“石室金匮”里的图籍，作了相当程度的整理，而且正逢国家易服色、改正朔、颁新历。这是一个很重要而且明显的历史分界点，于是他选择这一年为叙事的终点，并从这一年开始执笔。当然，在此之前，他早已在心中有了不少构想，甚至可能有些部分已经有了草稿及他父亲司马谈的遗稿。

第五篇　“李陵案”受腐刑

明者远见于未萌，智者避危于无形。

——司马迁

李广利征讨大宛

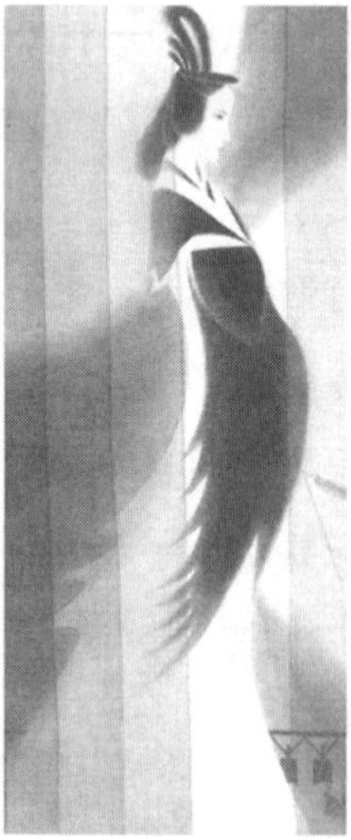

汉武帝妃李夫人

《太初历》的完成，以及司马迁开始动笔写《史记》，这一年以后纵使汉武帝的敬鬼神、求神仙，仍然经常巡礼名山圣地，也无碍司马迁的著作生涯。反可由到处护驾巡游中，接近各种历史遗迹及地方遗老，从而使他的写作更为活泼充实。

本来照这样下去，他很可能会有一个安静而不寂寞的中年，可是从他动笔写《史记》起又过了五年，发生了李陵事件，本书一开始就预示的那些不安音符，终于震耳欲聋地撼动了司马迁的整个人生。这事件几乎断送了他的生命和事业，但其结果反而赋予了他生命的另一种原动力，给他的事业添加一层宿命式冲击的张力，我们有必要较深入地来了解这事件的经过。

自从公元前119年，卫青、霍去病最后一次大规模出兵攻打匈奴，迫使匈奴逃到远方以后，汉武帝并没有停止开疆拓土的努力。对于北方的匈奴也不敢掉以轻心，他的策略是运用实力外交孤立匈奴。他招引辽东塞外的乌桓，住在东北边郡的塞外地区以监视匈奴，又连络匈奴西边的乌孙以断其右臂，其余各国也都派使前往拢络，每年出使西域的使节团少则五六起，多则十余起，每起由百余人到数百人组成。这一连串的外交攻势，确实令匈奴感到威胁，但匈奴经过将近二十年的休养，国力也逐渐复原，又开始频频入侵汉朝。

汉帝国这边，也在卫、霍两将痛惩匈奴以后，在几位卓越的财经专家设计主持下，实施各种新财经措施——盐铁公卖，均输、平准，甚至卖官鬻爵、缴钱可以赎罪等，造成仓库有溢粮，“民不贫赋而天下用饶”的盛况。

在这种情况下，双方再度爆发大规模战事已经是无法避免的了。太初元年（前104）初，汉武帝所筑的柏梁台遭到了天火，秋天又有蝗虫大起，从关东向西飞到敦煌，自然界似乎在与人作对。

第一个登场的是与李陵事件有很大关系的外戚军人李广利。李广利之所以成为外戚，是因为他的妹妹李夫人受汉武帝宠幸（在卫子夫及早死的王夫人之后）。他另外有一个弟弟，即李夫人的哥哥李延年，是个唱歌的。他们一家从父母到兄弟姐妹都是乐人，以唱歌跳舞为生。起初李延年因为犯罪受了腐刑在宫中养狗，最爱帮汉武帝介绍女人的平阳公主向汉武帝推荐李延年的妹妹“善舞”，后来到宫中果然受到宠爱成为李夫人，而且李延年也在宫里与汉武帝好到可以同卧同起。看来李广利的出身背景与当年的卫青是有些相像，只是格调更低些，才能则差得更远，根本是汉武帝处心积虑硬捧出来的“明星”。只因为汉武帝宠爱李夫人，想让李广利封侯，又不敢违背高祖所立“非有功不封侯”的遗规，于是就让他统兵作战，希望给他立功机会。

李广利早年事迹不得而知。他在正史中，一出场就是个将军。他虽然并没有故意加害李陵或司马迁，可是他的存在再配上汉武帝，就为李陵和司马迁造成了悲痛的惨剧。

汗血宝马

汉武帝计划让他封侯而给他的第一个大任务，不是伐匈奴，而是去攻打现在中亚境内、葱岭西北附近的大宛国。此举并不是因为大宛威胁到了汉朝，只因为汉武帝听说大宛有汗血宝马，派人带了黄金和金制成的金马向大宛要汗血宝马。大宛自恃距离汉朝非常远，而且汉军一出敦煌就会被困在五谷不生的沙漠之中，沿途的供食也是个大问题，肯定是奈何不了他们，所以决定拒绝。汉使一怒，就把带去的金马锤破。大宛人也不示弱，把汉使赶出去，并叫人在中途把他们杀了。汉武帝大怒，决定要不到宝马就以武力强取。有曾经到过大宛的人说，大宛兵弱，汉军不用三千人就可以制服。汉武帝一想，赵破奴曾经以七百骑就虏了楼兰王（在今新疆罗布泊附近），大宛应该也没什么了不起！于是他想起了李广利，这么简单的任务必可使他“一炮走红”。大宛的汗血宝马在其境内的贰师域，就任命李广利为“贰师将军”，命他去取马。汉武帝大约心里明白这个人能力有限，不敢只给他三千人，而发属国兵六千骑，加上各郡国征发的几万人，于太初元年（前104）出发。

李广利的大军，是通过了沙漠，可是过了沙漠以后，沿途的小国不肯供应粮食，李广利就采取攻得下就进城取粮，攻不下掉头就走的策略。一路打打停停，到达大宛东边的郁成时，只剩下了几千人，又饿又累，攻郁成反被郁成所败。他与副将商量，一个城都打不下，怎么去打王都？人太少了，回去吧！结果，回到敦煌的兵士只剩了一两成。他派人上书皇帝，说路途太远，缺乏粮食，兵员又少，希望重来。汉武帝听了，怒不可遏，派人到敦煌东方与酒泉之间的玉门（不是玉门关），把那群败兵残将拦下来，说：“敢进来的就斩!”贰师将军吓得赶快回到敦煌待命。

敦煌沙漠

这时候已经是太初二年秋天。来回花了一整年，朝中公卿们认为这是闹了大笑话，劝汉武帝算了，以便专心对付匈奴。汉武帝不死心，心想那个小国怎么可能制不了，因此，又发给李广利六万兵卒，十万头牛，三万匹马，驴、骆驼等也有好几万头，所需装备一应俱全。又发天下官吏有罪的、亡命的、赘婿、商人等来入伍或协助运粮，弄得“天下骚动”。这还不够，又加派十八万兵保卫酒泉，同时作为李广利的预备队。又听说大宛城中没有水井，只靠城外流入城内的河水，于是加派水工，以便将大宛城外的河引到别处，而把原来进城的水道汲干，以便作为进攻的孔道。另外再派两位擅长选马的人随军同行，准备攻下大宛时，可以选到最好的马匹带回来。

太初三年（前 102，司马迁四十四岁）李广利二度率军征大宛。这回出师是神气多了，沿途小国都大开城门前来迎接，自动献粮食。只有轮台（今新疆塔里木盆地北缘的轮台县）不理，李广利发威加以攻破并屠城。

等到达大宛的时候，军队只有三万多人了。他们把大宛城围了四十几天，最后大宛人杀了大宛王，提着他的头，派使者对李广利说：“请不要再攻了，我们把好马都拉出来让你们任意挑选，并供应你们的粮食。如果不同意，那么我们就把好马全部杀掉。而且康居（大宛之西）的救兵就要到了，等他们一到，我们在城内，他们从城外，正好可以夹击你们!”李广利心想自己为取汗血宝马来的，如果不答应，汗血宝马被杀尽，这个仗等于白打。他又听说大宛城内最近有汉人教他们凿井，断水源的办法已经威胁不了他们，城内粮食据说也很充足，他们还可以拖，拖到汉军疲惫了，康居兵又来夹击，那汉军实在是太没把握了。反正汗血宝马到手，提了大宛王的头，应该已经可以交代，于是就答应罢兵。大宛把马展现在城外，由随汉军而来的选马专家挑选了汗血宝马数十匹，中等以下的三千多匹。大宛又供应粮食给汉军。最后，李广利立了一位亲汉人士为王，并与之订盟而东归，但始终依约不得进入城中。

第二年，李广利回国了，这次是堂而皇之地进了玉门关。妙的是进玉门关的时候，军队只有一万余人，军马只有一千多匹了。这次二度出征，军队并不缺粮，真正战死的不多，倒是李广利属下将吏贪渎，不爱士卒，反剥削士卒，士卒因而死去的占大部分。这样一支军队回来了，汉武帝作何感想？换了别人恐怕无过也有过、功相抵变成无功，可是汉武帝念他“为万里而伐，不录其过”，对他的过根本不计较。而且迫不及待地宣布贰师将军的“丰功伟绩”，封他为海西侯，食邑八千户。

李广利的伐大宛，两度出师，总计费时三年，前后出动二十几万人，绝大部分将士死掉，耗费金钱无数，为的只是几千匹马。需要好马对汉朝来说确是实情，但因此而天下骚动，让一个不高明的将领，以“挥霍”的方式换来，岂只是小题大作，简直是毫无道理。唯一的“道理”只因为李广利是被宠幸的外戚，是汉武帝“以外戚领军”政策的再贯彻。而以这样的外戚领军，就已经注定绝不可能有当年卫、霍时代的功绩。

李广利回到京城是春天的事情，这年冬天汉武帝行幸回中（陕西陇县西北），司马迁可能也护驾随行。关于汉武帝刻意提拔李广利，他不只是耳闻目睹而已，太史令记事记言的工作，应该使他有更深入接触的机会。富于正义感的司马迁，恐怕已经在心里对这种不公平开始感到不满了。

另一方面，当李广利从大宛班师回国时，“李陵案”的主角李陵，事实上也在这出悲剧中登场了。

李陵是谁？我们前面说过，他就是李广的大儿子李当户的遗腹子，也就是被霍去病冷箭射死的李敢的侄儿、李广的孙子。

李 陵

他生于公元前134年，比司马迁小十一岁，而司马迁则比汉武帝小十一岁。李陵曾经为侍中建章监（建章是宫名），加了“侍中”的名号，即表示他可以出入宫内，经常在皇帝左右办事，等于与司马迁共过事。他“善骑射，爱人，谦让下士，甚得名誉”，汉武帝认为他很有李广的遗风。曾经命令他率领八百骑兵，深入匈奴两千余里，虽然没遇见匈奴的军队，但他趁机观察了沿途的地形。汉武帝任命他为骑都尉，带兵五千，在酒泉、张掖教射练兵以防范匈奴入侵。

过了几年就是李广利伐大宛，汉武帝对李广利的出征实在是够操心，大军出发都已经几个月了，还命令李陵率兵随后去支援。结果行军到边塞，李陵得到汉武帝赐书，说李广利已经回国了，他就只率领五百轻骑穿过敦煌，到沙漠去迎接他，然后继续带兵留守张掖。

背景知识

大　宛

大宛是古代中亚国名，位于帕米尔高原西麓，锡尔河上、中游，在当今乌兹别克斯坦、吉尔吉斯斯坦、塔吉克斯坦交界处的费尔干纳盆地。古希腊时代，亚历山大东征，于锡尔河畔之俱战提兴建“极东亚历山大城”，塞琉古王朝时改建为安条克城，似均未东向深入大宛境内。但在大夏最盛时，尤其在欧提德姆斯北征时，则占有了该地，并按希腊方式在各村镇修建坞堡。

汉武帝时，张骞出使西域，于公元前129年—公元前128年间抵达帕米尔以西，首先到达大宛。据他归国后说，当时大宛大小属邑有七十多个，人口有几十万，是一个农牧业兴盛的国家，产稻、麦、葡萄、苜蓿，尤以出汗血马著称。大宛西北邻康居，西南邻大月氏、大夏，东北临乌孙，东行经帕米尔的特洛克山口可达疏勒，在当时东西交通上占有相当重要的位置。大宛久闻汉朝富饶，欲通不得，见汉使来到，深表欢迎。

汉武帝听说大宛出产好马，于太初元年（前104）命使臣携带金帛去换取，由于双方意见冲突，换马不成，使臣也被杀害。武帝非常气愤，命大将军李广利率兵往讨。初征不利，至大宛东境郁成即战败。武帝命发兵运粮再西讨，于太初四年（前101）攻克其首都，杀大宛王毋寡，另立国王，从此大宛服属汉朝。

李陵攻打匈奴被俘

李广利的征大宛，虽然知道内情的人都认为并不光彩，但终归也是一场胜仗，而且单单汉武帝为他提供的各种配备就已经够瞧的了，所以大宛被攻破后，西域各国都感到了震惊恐惧。这年正好匈奴单于死了，新单于初立，汉武帝想要借破大宛的余威再次发动对匈奴的战争。于是引春秋大义，说是要学齐襄公复九世的仇，他要为高祖的平城之困及吕后被冒顿单于所辱算老账。

这个宣告马上获得匈奴的回应，新单于怕初立之时即发生战事对自己不利，向汉朝表示愿意把手中的汉使送还汉帝国。于是，第二年即天汉元年（前100）汉武帝得意地派遣苏武等人，带着被拘留在汉朝的匈奴使者，到匈奴和他们交换，并送了大批礼物，以答谢他们的善意。可是匈奴的善意原来并不是诚心，汉朝一客气，他反而傲慢起来。这时一位降匈奴的汉将虞常，计划劫持单于的母亲

苏武牧羊图

阏氏好有借口回到汉朝，结果被发觉了。本来这事与苏武无关，但因为虞常曾把这个计划告诉过苏武的副手张胜，所以把苏武也牵连进去。苏武自杀不成，又被关在一个大窖里，好几天就靠饮雪、吃旃毛才没死。匈奴认为他是神人，把他送到贝加尔湖（北海）没有人迹的地方去牧羊，而且牧的一律是公羊，却又告诉他，羊要是生出小羊来，就放他回去。

外交和解破裂，汉武帝于天汉二年（前 99）在未央宫召见李广利并命令他带领三万骑兵出酒泉去攻击匈奴右贤王。匈奴把其疆域分为中左右三部，所谓左右，系以匈奴面向南边的方位，东边为左，西边为右，中部由单于直接统辖。左部由左贤王及名衔带“左”字的属官（如左大将、左大都尉）统治；右部则由右贤王及名衔带“右”字的属官（如右大将、右大都尉）统治。

这个时候的匈奴，由于早先受到汉武帝外交攻势的压迫，其左部由辽东一带西迁，右部亦西迁而与汉朝的酒泉、敦煌相对。所以汉武帝命李广利出酒泉攻击右贤王。

这道命令包含指派屯驻在张掖的李陵，负责征匈奴大军的“辎重”，辎就是载衣物的车，重则是载武器装备，这等于是后勤支援的任务。所谓李陵有李广的遗风，就已经含有李广“自负其能”的个性在内。一个名将的后代，在边地练兵备胡，摩拳擦掌了好几年，一直没机会表现。而这年他已经三十五岁，正是体力智慧各方面都处在巅峰状态的时候。前年要他去塞外迎接李广利的“胜利”归来，这年又要他为这位平庸的将军做后备工作，他如何能服气？

于是，就在行前汉武帝在未央宫武台殿召见李陵的时候，他叩头请求，说他所练的兵，都是来自荆楚（两湖及四川东南、贵州东北一带）的勇士，多的是奇才剑客，力能扼虎，射必命中，希望能够自成一队，独当一面。他自请的任务就是要出奇兵去攻击匈奴“中部”的单于，分散单于的兵力，以配合李广利的主力目标，达到牵制的作用。

汉武帝听了说：“为将的都讨厌隶属于他人是吧？只是我出兵太多，恐怕分不出骑兵给你!”

李陵说：“用不着骑兵，臣愿以少击众，只要步兵五千，就可以直捣匈奴单于的王庭!”

汉武帝觉得他很有气魄，就答应了他。同时命令路博德带兵在中途负责接应李陵，可是路博德曾经是伏波将军，在十二年前平定南越时，立了大功，这名老将怎么会愿意为后辈做接应呢？

路博德越想越不甘心，就上书汉武帝，说目前秋天，正是匈奴马肥兵壮的时候，不适宜开战。不如等到来春，由他和李陵从酒泉、张掖各带五千骑兵，合击东西浚稽山（在今蒙古北部库伦之西，额尔浑河与土拉河之间，当时匈奴单于一批人，分居在东西两山），到时必定可以大胜。

多疑的汉武帝一看路博德的奏书非常生气，他怀疑这本奏书一定是李陵后悔了才要路博德写的。于是就命令路博德立刻出兵到西河（鄂尔多斯高原西为朔方郡，东部为西河郡，因在黄河之西而得名），说是匈奴可能从西河入侵，而命令李陵九月间出发，出居延到东浚稽山去观察敌情。如果没有什么动静，就带兵回受降城让士兵休息。

受降城修建于太初元年（前 104），修建这座城是因为当时的匈奴单于好杀伐，匈奴人不安，匈奴左大都尉派人向汉表示，想杀单于投降，但嫌汉太远，他说如果有军队去迎他，他就敢发动叛乱，因此汉武帝就命公孙敖修建受降城以接应他们。受降城在居延（宁夏北部居延海附近）北边的内蒙古境内。

匈奴骑兵

就在汉武帝误会而意气用事的情况下，李陵率领五千步兵出了居廷，向北行了三十天，到浚稽山扎营，把所经过的山川地形绘制成图，并派部下陈步乐先回京城向汉武帝报告。陈步乐在汉武帝面前述说李陵很得人心，兵士们都愿为他效死命（颇有李广之风）。汉武帝非常高兴，步乐因而也被任命为郎。

可是不久，李陵的部队终于和单于相遇了，单于军队大约有三万人，是李陵的六倍，而且是骑兵。他们居高临下，在两山之间以大车为掩护，把李陵包围起来。李陵见状，立刻集合部队，在营外摆出阵式，命令持戟盾的站在前排，持弓弩的站在后排，下令“闻鼓声而纵，闻金（钲）声而止”。匈奴军看汉军人数不多，想以大吃小，都离开掩蔽物向李陵阵前冲过来。李陵鸣鼓，千弩俱发，前面的匈奴军一个个应弦而倒，于是后面的纷纷退回山上。汉军乘机追击，杀死了数千人。单于非常震惊，又调来了八万多骑兵加入战斗。李陵一看情势不妙，开始边战边向南撤退。后来退到一处山谷中。

经过几天连续的战斗，中箭受伤的士兵越来越多了，李陵只好让受三处伤的坐车子走，两处伤的扶着车子走，一处伤的仍然拿着兵器作战。有一天，李陵感觉到军中的士气似乎有点衰退而且鼓不起来，他怀疑是不是军中藏有女人的关系。他下令逐一搜查，果然查获。原来是军队出发时，有关东群盗的妻子被流放到边地的，混到军中跟随而来。李陵把她们全部斩了。第二天再战，士气就高得多，杀死了敌人三千多人。

汉军步兵图

又过了四五天，队伍退到了一个长有芦苇的湖沼地带，匈奴在上风处放火，李陵索性命兵士把旁边的草木先烧掉一片，免得匈奴放的火延烧过来。

就这样一边打一边向南行走，又来到了一座山（大概是阿尔泰山的支脉）的山下。匈奴单于在山上，命他的儿子率领军队攻击李陵。汉军在树林中与匈奴军搏斗，因为林中不适合骑兵冲杀，汉军占了优势，又杀死了几千人。李陵又命人发连弩（可连续射箭的装备）射单于，单于被迫下山逃走。

这天李陵抓到一名俘虏，据他说，单于怀疑李陵军是汉军的精兵，打也打不败，只顾往南跑，引匈奴军越来越接近汉的边塞，他担心会不会有埋伏，考虑要退兵。但匈奴的各当户（匈奴官名，在大都尉之下）君长都认为，单于亲自率领几万骑兵，如果打不过几千汉军，日后将如何指挥各部军队？这样会令汉人更看不起匈奴。他们建议："现在利用山谷地形，还可和汉军一拼，再过四五十里就是平地，到时候假使还是破不了，再行退兵也不迟!"

由于这种唯恐越往南，越可能中埋伏的心理，使局势越来越紧张，李陵受的压力比先前更大。匈奴以数量上的优势，一天战斗数十回合，但李陵军也越战越勇，又杀死了两千多名敌人。匈奴终于觉悟自己仍然占不到便宜，只好准备撤兵。眼看着李陵的困境马上就要解决，可惜司马迁说的"军亦有天幸"，李陵竟是一点都想不到，孤军深入而逢敌已经不幸，等到奋勇杀敌并挫败了敌军的意志，马上可以胜利班师的时候，偏偏自己内部出了问题。

一位主管侦探敌情的军官（军候）因为被军中某校尉侮辱而投降了匈奴，他把李陵军的实情向单于报告。他告诉单于，李陵其实没有后援，箭也快用完了。只有李陵和校尉韩延年各自率领八百人为前锋，分别以黄白旗为帜。他建议单于只要派精骑把他们射中了，汉军就可以被打败了。

单于获得这个宝贵的情报，犹如死得复生。在没有后顾之忧并深知汉军底细的情形下，再度发动猛烈攻势，而且边战边指名大叫："李陵、韩延年快来投降吧!"

李陵被困在山谷当中，匈奴在山上占尽了地形优势，箭像雨一般从四面八方射过来，但李陵还是神勇地突围继续南下。可是还没到鞮汗山，箭已经全部用完了，人只剩三千多，他们弃了军车，把车轮拆下来，以车轮上撑着轮圈的直木作为武器，军吏手持短刀，一边战一边走。当他们到达鞮汗山进入了狭谷的时候，单于由于熟悉地形，绕道抄到了李陵前面，从李陵必须要经过的路的山上角落处投下石块，士兵被打死不少，而且几乎不能前进。

黄昏后，李陵一人穿着便衣独步出营，交代左右的人不要跟随，说他要一个人把单于抓来。可是过了许久，李陵却丧气地回来，叹息道："兵败，死矣!"

部下劝慰着说："将军威震匈奴，现在只不过是运气不好罢了。以后再想办法回去就是，当年的赵破奴战败后被匈奴所虏，后来逃回，天子还不是对他很礼遇，何况是将军您呢?"

虽没有明说，李陵部下是在劝他暂时先投降再作打算。李陵断然地回答说："请不要说了，我如果不死就不是壮士了!"

当下就把所有的旌旗砍断，连同随军所带的贵重东西全部埋到了地下。然后感慨地叹道："只要再得几十支箭就足够我们突围，可惜我们现在没兵器可战！天亮以后，恐怕只好坐着等受缚了！我看现在大家不如分散突围，有逃得出去的，还可以回去向天子报信。"

于是他发给士兵每人两升干粮，并要他们带一大块冰，等渴的时候吃，期望逃出后到遮虏障（即居延）会合。

等到半夜要敲鼓准备出发时，鼓却敲不响，似乎不是好兆头。李陵和韩延年上马，跟随的有十多名壮士，后面立刻有数千匈奴骑兵追赶过来，没多久韩延年就战死了。李陵叹一声："没脸见天子了。"只好投降匈奴。

主将被擒，匈奴大概也没再彻底搜寻残兵，因此有四百多人逃回了边塞。

这就是李陵投降匈奴的经过。我们暂且不说这事件发生以后，司马迁在汉武帝面前所表示的意见及因而受到酷刑的悲惨遭遇，先就客观立场来分析造成这个结果的因素。

有人说李陵之所以兵败被俘，是因为他逞英雄，只以五千步兵孤军深入，犯了兵法上“轻兵逐利”的毛病。又说在沙漠作战，竟以步兵对骑兵，显然会吃亏。李陵出身将门而明知故犯，当然要败。

这个说法如果是先假设打匈奴只是李陵他家的事情的话，那还相当有道理，但一去掉这个不可能的假设而求诸事实，则这个说法对李陵实在是天大的冤枉！

没错！“五千步兵”“孤军深入”都是李陵自己说的，他为什么要惹这个麻烦、冒这个险？说他是逞英雄，也没错，他是不甘作李广利的“牛后”！可是我们帮他想想，如前面所说过的，像李广利这么蹩脚的“大”将军，有哪个有志气有才能的人，愿意老是屈居在他下面，何况是名将之后？此其一。

西汉骑兵俑

而李陵之所以会由“愿自当一队”逞英雄，进一步变成“五千步兵”，是因为汉武帝表示“出兵太多，无骑兵可派”，所以李陵才会要求只需要五千步兵就可以了。而事实上李陵在酒泉、张掖练兵的时候，他的官职是"骑"都尉，他何尝不想要骑兵？况且既然已说要自当一队，一听没骑兵就退却，岂是李广的孙子所愿意做的？此其二。

我们再看汉武帝所说的"出兵太多，无骑兵可派"，是不是属实？那年是天汉二年（前 99），这时候的汉朝当然已无法像二十年前大将军卫青、骠骑将军霍去病"各将五万骑，私负从马（私人自行装备，非政府发的）复四万匹，步兵转者踵军后又数十万人"那种大排场，可是也没窘到只因发了三万骑兵给李广利作为主力，就再派不出骑兵的地步。

这件事发生在秋天，而天汉四年春天，也就是只隔一年多以后，汉武帝又出兵攻打匈奴，发出的骑兵有李广利六万、公孙敖一万，此外，路博德的一万余可能也是骑兵，一共就有七八万之多，难道都是在一年之间突然冒出来的？可见汉武帝说发不出骑兵并不是实话；何况李陵自负其能，要求也不会多，而且既然言明是出奇兵，只求牵制对方，也不可能要多，分明是汉武帝故意不给，此其三。

又当李陵的豪语获得汉武帝赞许而赋予任务的时候，汉武帝还知道要路博德在中途接应李陵，后来因为路博德不愿意，上奏书而引起汉武帝误会，汉武帝竟然马上把路博德调到距离李陵预定回军路线很远的西河郡，而仍然要李陵孤军深入敌境，因此可以说汉武帝在误会、盛怒的情况下，撤销后援部署，根本是要李陵"好看"——你说你行，我倒要看看你有多行！也等于是要他去送死，这一点也并非不可能。试想，他既能莫名其妙地"宠"李广利那种庸才，当然就有可能"整"李陵这种良才，此其四。

李陵自愿牵制单于兵力时，是说“到兰干山南以分单于兵”。兰干山在哪里，著《汉书》或《通鉴》的人都没有说明，但摊开地图看看，后来汉武帝命李陵去的浚稽山（今蒙古国境内鄂尔浑河与土拉河之间）。汉武帝伐匈奴，从未超过这里，兰干山不可能在更北边。而汉武帝之所以会要他去浚稽山，是由于路博德的奏书说，秋天不适合出兵攻打匈奴，希望来春再和李陵合攻浚稽山。我们揣摹他的心理，他上奏书的目的是想免去为李陵接应的“小”任务，他另外提出非接应而是合攻的建议，自然要比原来的艰巨些，所谓艰巨就是比兰干山更深入北方，更接近单于，依此可知兰干山应在浚稽山的南面，也就是说汉武帝不但取消李陵北攻的接应部署，而且还因误会李陵为了逃避原先承诺的任务，教路博德吹更大的牛，就索性让他到他“吹”得更大的浚稽山去。这样一来，接应没有了，征途反而更远，李陵又能怎么办？此其五。

讲述完李陵败降后，《汉书》记载当时汉内部的情形说：李陵兵败处，距边塞一百里左右，边塞把这消息向汉武帝报告。汉武帝听了，心里希望李陵能够死战，但又不知李陵是不是会战死，就把他母亲和妻子召来，叫算命的为她们看相，算命的说看不出有“死丧”之色。后来果然又传来李陵投降的消息，汉武帝非常愤怒，就责问早先李陵派遣回来报告前线顺利并因而被封为郎的陈步乐，把步乐吓得自杀了。从这段记载可以看出李陵败降之前，汉武帝就已经知道他陷入必须拼死的苦战，也知道战场离塞外只有一百多里，而一百多里对骑兵来说根本只算短距离作战。他不但不马上派兵驰援，反而有闲工夫叫算命的来看看李陵会不会战死，这种一开始就预备他死，最后又巴不得他战死的

"死亡任务"，李陵实在是没有办法死战到底，此其六。

这又是为什么呢？这就是本书开头就已经描述的，在一种偏差的地域观念下所造成的关西军人的悲剧！在这个悲剧中，皇帝可以为了捧一个外戚，花一年多的时间为他筹集出征所需的"行当"，弄得天下骚动；打败回来只气到不准他进关，然后又让他风风光光再度出征；出征时早就有十几万部队放在边地作预备队；出征后，都已经快回到国门了，还要派兵出去支援。可是却不肯为一个关西名将的后代发骑兵、派后援，最后还让边塞若无其事地等待百里外传来勇将的死讯。

汉武帝真是这样逼使李陵兵败异域吗？不是的。《汉书》记道："久之，上悔陵无救。"请注意此处用的是"悔"字，所谓悔，就是该做而没做所造成的懊恼。汉武帝后悔没给李陵救援！他醒悟到，路博德的奏书是关键所在，汉武帝说为李陵安排后援，应当等李陵出塞后，再下令路博德负责去接应李陵就可以。当初就是因为预先下令，所以才让路博德这个老将有机会要奸诈！

但是后悔根本无济于事，汉武帝的多疑和果于诛杀，使这个悲剧愈演愈烈，终于使李陵流落北地，永远当不成汉人了。而后悔之前，汉武帝已经在同一件事情上制造了另一个悲剧人物——司马迁。

为李陵申辩遭腐刑

作为一个史官，司马迁对任何事情，都会很传统地、很职业性地保持冷静、客观。他在皇帝身边，亲眼看到当李陵未败以前，陈步乐回来报军情及起初传来捷报时，朝中的公卿王侯都是一片奉承歌颂的声音；等到李陵投降的消息传来，汉武帝一怒，就变成一个个都怪罪李陵的不是，没有一个人敢挺身而出，为李陵说几句公道话。

富于正义感的司马迁，对这种冷暖不同的场面当然会感到极端的不满。

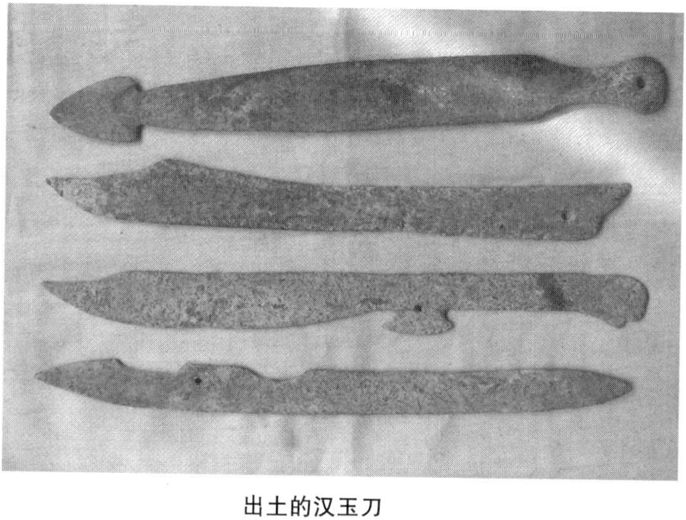

出土的汉玉刀

虽然司马迁和李陵曾经同在皇帝身边服务而算是同事，李陵的祖父李广及叔父李敢，在担任郎中令的时候，司马迁可能已经是郎中，而成为他们的属下，司马迁对李氏三代都应该很熟悉才对。但是司马迁说，他和李陵之间，性情志趣并不相同，从来也没有把酒言欢过，“素非相善也”。只是李陵的浪漫、骑士作风，应该是司马迁心中所向往的。他们之所以不熟，除了性情志趣以外，大概李陵也像李广那样“悛悛如鄙人，口不能道辞”，不善于交际呢。

这种微妙的情感，继之以冷静的观察，关于李陵败降案，他认为，一个做臣子的，能够不顾自己的生命，而去为国家的事情拼命，这已经是很不寻常了！现在只因为某件事情处理不当，那些只知道顾全自己、保住自己妻儿的公卿大臣，便马上毫不留情地加以陷害，司马迁觉得非常痛心。

李陵只不过带了五千步兵，就敢深入戎马之地，足踏匈奴王庭之所在，就好比把自己当诱饵送入虎口一般的危险，但他就能向强敌挑战，与多他好几倍的敌军连续战斗十几天，杀死敌人的数目远远超过他本身兵力的能力范围。匈奴被他杀得连救护伤亡也来不及，诸君长们都为这件事感到震惊，聚集所有能骑射的人，集中全国的兵力来围攻李陵。从

李陵大战匈奴

此李陵转战千里，战到箭已射完，可是救兵还是没来，士卒们虽然负伤呻吟，只要李陵高声一呼，他们无不裹伤奋起，泪水和着血水，张着空弦，冒着白刃，争着和北边的敌人死拼。

再者，平时观察李陵的为人，就知道他事亲至孝，与人交往讲究诚信，遇到财物分取的时候都合乎正义，对人有礼貌而且恭俭谦让。奋不顾身，以赴国家的急难，是他平日就有的抱负。像他这么一个人，却落得这般下场！

司马迁以他那种赤热的心肠，实在按捺不住想为他说几句话。可是太史令俸禄不过六百石，在满朝文武的鸦雀无声中，哪有他发言的余地？他又眼看汉武帝自从李陵败降的消息传来后，就“食不甘味，听朝不怡”，实在觉得于心不忍。他以为，解释清楚了李陵为人的本质，除了可以为李陵洗清冤屈以外，也可以宽慰汉武帝的心，他有此义务，他应该出来说话。

终于机会来了，可能因为司马迁是皇帝近臣的关系，汉武帝“习惯”主动地问他的意见，他逮住机会就对汉武帝说，李陵素来与士大夫交往，遇有好东西绝不争先，要分东西也绝对分得比别人少，像他这样的人，才能在必要的时候得到别人的效命，即便古时候的名将也不过如此！又说李陵的投降并不是真投降，猜测他的真实意图，是想等待适当的机会，建功赎罪来回报朝廷。现在，他败降匈奴是无可奈何的事情，但话说回来，他重创敌人的战果，就足够表扬于天下了。

本来，司马迁准备好很充分的说辞，想把事实的可能真相及汉武帝郁闷的心结，一一加以分析和排解。谁知他一开始表示同情李陵，并推崇其战果，就使“心虚”的汉武帝为此震怒。

原来这次对匈奴战争，最初的意思是以李广利为主力，李陵的任务不过是战略上帮李广利牵制匈奴兵力的助攻而已。但是仗打下来的结果，李广利出酒泉，击右贤王于天山（在今新疆吐鲁番或哈密一带），斩虏万余级，成绩不错，可是回程却被匈奴包围，好几天没粮可吃，死伤甚多，后来还是靠赵充国与壮士百余人英勇突围，李广利才率兵跟着逃出来。当初以三万骑出战，回来时损失了两万多。

司马迁的塑像

反观李陵，深入敌境，与单于相遇，以区区五千步兵，杀死了无数敌人，几乎牵动了匈奴全国，战果显然在李广利之上。

但在军队配备及有关的部署方面，汉武帝又是以如何不同的态度去对待他们呢？这是汉武帝绝不容许任何人触碰的“隐痛”，也是他心虚的地方。可是热心、多情、正义的司马迁，偏偏去碰了它，无意间去“伤”了它。汉武帝愤怒地认为司马迁是以称颂李陵来讽刺李广利，所以不让他把话讲完就将他交付理官（狱官）审理。

于是，司马迁被关进监狱里去了！这是天汉三年（前 98）的事情，而李陵败降匈奴是在前一年冬天。

不久，像之前说过的，汉武帝经过一段时间冷静以后，醒悟到李陵之所以战败，是因为没有后援的缘故。他也想起当初是自己安排失当，致使路博德有机会“生奸诈”。他派遣特使去慰劳李陵军最后逃回边塞的四百名士兵。

不过，司马迁的“罪嫌”并未因而消失，他仍痛苦地在狱中等待判决，忍受狱吏的虐待。狱吏的面孔，古今中外都差不多。可是汉武帝的时代，借重法家开发利源，同时由另一批法家严厉控制人民以防叛乱，这两方面是集中国力一体两面的工作。因此秦法复活了，产生了不少酷吏。他们在汉武帝的支持下，往往滥杀、滥捕无辜，一杀就是几百人，甚至一次毁灭千余家，即使大臣也难逃他们的毒手。在这种情况下，不论司马迁经由哪个单位收押或被关在哪个监狱，他的处境必然是凄惨无助的。怪不得他在《报任安书》中提到狱吏时说：“见狱吏则头抢地，视徒隶（狱卒）则心惕息（害怕喘息）。”实在令人不忍呀！

很不幸的是在第二年又有一个天大的误会发生了，使司马迁和李陵的处境急转直下。天汉四年（前 97）春，汉武帝命公孙敖率领军队深入匈奴，以便迎接李陵归国，显然汉武帝此时对李陵已全然谅解，而这段时间，司马迁之所以迟迟未被定罪，与汉武帝这种心情或许也有关系。这个行动如果成功，可能也会对司马迁的判决产生良好的影响。可惜，公孙敖无功而还，而且带回一个要命的情报，说他从捕得的俘虏口中得知，李陵正为匈奴练兵对付汉帝国，并把自己无功回来的原因，归因于李陵个人身上。

这个情报实在足以令汉武帝头昏眼花，他又在暴怒之下抄了李陵的家，他的母亲、妻子全部被杀了。这是一种惨无人道的刑罚，灭族已经够惨，其执行的方法，据《汉书·刑法志》记述夷三族（父族、母族、妻族，或父母、兄弟、妻子）的情形说：凡当夷三族者，皆先黥（在脸上刺字）、劓（割鼻）、斩左右趾，然后笞杀之（以刑杖活活打死），最后还要枭其首（把头砍下来悬在木上），菹其骨肉于市（把尸体剁成肉酱）。如果牵涉诽谤的，还要先断其舌，可说是五刑（黥、劓、断趾、断舌、枭首）俱备。而且先侮辱而后杀死，杀死了还要侮辱其尸首，实在是残酷至极！

可怜的司马迁被判“诬罔”的罪，可能就是这个大风暴的影响。因为所谓“诬”就是无中生有，所谓“罔”，就是欺，“诬罔”也就是欺君之罪。原来司马迁因为说李陵的投降是想等机会建立功业来回报汉朝，并以李陵的功劳讽刺李广利的功少，因而才被关进监狱的。随后汉武帝后悔没给李陵后援，司马迁的罪嫌因而下降，有可能只剩下讽刺李广利的部分。但是公孙敖带回的情报，使汉武帝非常愤怒地杀死了李陵的全家人，等于确认李陵毫无在匈奴为汉建功的意思，汉武帝新“恨”旧“怒”一齐迸发，就命理官判司马迁诬罔欺君的大罪了。

按照汉朝法律，诬罔是死罪。然而，不知道又过了多久，事实的真相才又被弄明白。在匈奴，李陵痛苦而困惑地询问一位汉使者说：“我为汉率步兵五千，横行于匈奴，以无援而败，我何负于汉？为什么被满门抄斩？”

使者就把原委告诉他，李陵这下才恍然大悟，原来他又被误会了。他哪有为匈奴练兵？那个为匈奴练兵的不是他，是另一个汉的降将李绪。一字之差，使他遭受人间最大的惨祸！他愤怒地派人把李绪杀了。单于的母亲大阏氏闻李绪被杀，就想杀李陵，幸赖单于把他藏到北方，等到大阏氏死了以后才又回来。单于对李陵甚为礼遇，把女儿嫁给他，立其为右校王，居在外，有大事才召回参议。从此，李陵断了归汉的心，胡服胡语，永为异域的人。他恨汉朝斩了他满门，他恨“老母已死，虽欲报恩将安归”！

这个真相很快地传回汉帝国，已经六十岁的汉武帝显然发觉自己又错了。

这年秋天，朝廷公布了一条法令：“令死罪人赎钱五十万，减死一等。”

汉武帝的那批财经专家，搞出一些卖官鬻爵、捐钱赎罪一类的措施，本不足为奇，只是这命令的公布，在时机上的“巧合”，使人不得不怀疑，是否就是为了司马迁而设的？

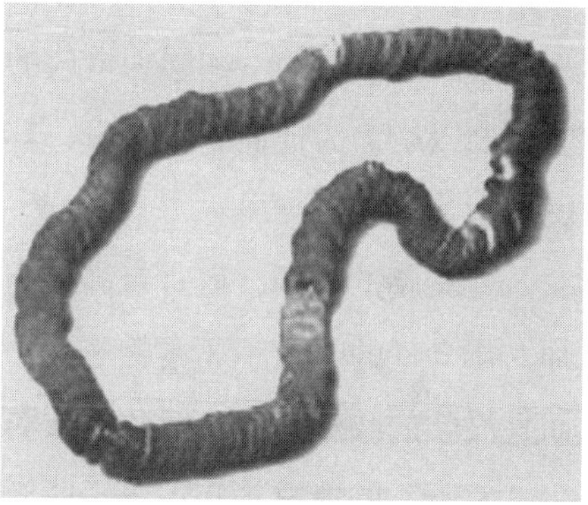

五铢钱

五十万钱究竟是多少？当时用的是五铢钱，五十万个五铢钱，约合黄金五斤的价值。拿出五十万钱就可以赎死，是司马迁的一条生路。可是，他父亲当太史令三十年，他自己到入狱时也干了十年太史令，这个俸禄只有六百石的小官，并没有积下什么财富。转向朋友求援的结果，竟是“交游莫救”，“左右亲近不为壹言”，谁敢为一个因触怒皇帝而被判刑的罪犯出钱出力？谁又敢保证帮了他的忙以后，会不会惹祸上身？

这条法令看似有了一线生机，实际上却对司马迁失去了作用。到此，摆在司马迁面前的，只有三条路：一是自杀以免受辱，二是接受死刑，第三个则是仅存的最后一条生路——受腐刑以免死。这条法令最初出现在五十年前，汉景帝四年（前

146），汉武帝时仍然沿用。

腐刑就是男人去势的宫刑，因为男人去势后，无法再生育，有如腐木不再生果实，所以称为腐刑。谈到腐刑就会使人想起宦官。其实在司马迁以前的古代，受腐刑及作宦官的，与普通士人比起来，并没有如后世那般地受到歧视。

据说最早的时候，在贵族阶级的身旁，常有一些由俘虏而来、或因罪被罚的一些同为贵族的人，因为聪明或有技艺，在受了腐刑以后，为他们服事执役，其地位甚至在一般农牧工商的平民之上。

在秦朝的时候，宦官赵高，为郎中令，而且担任秦二世的老师。司马迁的时代距离秦朝不远，稍早的吕后，曾封宦者为侯，而且汉朝的政治组织，行政性质与宫廷服务性质并存，还保留不少“家臣”的遗风，知识分子所组成的政府组织尚未成熟到与宫廷截然分开，因此宦官还没被皇帝提升到“内廷”的控制集团与宰相领导的“外廷”相对抗，既然如此，则后世所见的宦官恶劣形象并未形成，也无由形成。因此，容易与宦官连成一体的受腐刑，固然难免因普通的理由遭到讥笑，但还不致如我们后世所想的那么坏。

但是司马迁的想法就不同了，他认为人有十等：第一流的人不辱及祖先，次一等的本身不受辱，再次一等的颜色不受辱，再次一等的言辞不受辱，再次一等的卑躯（如叩头长跪等）受辱，再次一等的穿囚衣受辱，再次一等的被戴上刑具受刑打受辱，再次一等的剃了毛发、头上铁索受辱，再次一等的被毁肌肤、断肢体受辱，而最下等的就是受腐刑。“行莫丑于辱先，诟其大于宫刑”，他认为是奇耻大辱。他甚至举出三个历史上受腐刑而被歧

视的例子，然后说：“夫中材之士，事有关于宦竖，莫不伤气，况慷慨之士乎!”（以上均见于《报任安书》）

司马迁是以“慷慨之士”自居，视腐刑为无以复加的耻辱，于是摆在面前的三条路，似乎只剩下自杀免受辱这一条了，因为冤屈受死刑也是受辱。而慷慨之士的表现之一就是必要时能够引刀成一快。以他的性格应该是做得到的，可是，他反问自己，能死吗？这么一问，那就不是受死刑或自杀的选择问题了，而是生与死的抉择，是“人固有一死，死有重于泰山，或轻于鸿毛，用之所趋（即目的）异也”的判别问题。

慷慨就死诚然痛快，可是自己长久以来所追求的理想，就要随着生命的消逝而变成泡影了。父亲临终时所说的“废天下之史文，余甚惧焉，汝其念哉”犹在耳际，而当时自己“俯首流涕”地答应父亲说：“小子不敏。请悉论先人所次旧闻，弗敢阙!”，其情景也历历在目。而父亲死后“䌷史记石室金匮之书”及从青年时期的人游历，到随汉武帝巡游天下名山大川，访问故迹遗老所编织而成的论著构思，已跃然笔墨之间。如果只图一时之快，贸然就自杀了，则那些东西岂不成了未完成的“断”简“残”篇，就像为李陵仗义而无法“尽”言，终致含冤而归于湮灭么？

于是，他决定求生，他要留下这条命，为了对父亲的承诺，为了自己未完成的理想而活下去。他向狱官请求接受腐刑以免除死罪。在天汉四年与太始元年间（前 97—前 96）下了“蚕室”——因为受腐刑的人怕风，需要暖气，所以作暗室蓄火，有如养蚕的房间，所以被叫作“蚕室”。

在旁人看来，这本是贪生怕死的自然反应，无足为奇，但其实，他胸中的郁闷和苦衷岂是身旁的凡夫俗子所能知道的呢？

受刑后的司马迁“肠一日而九回，居则忽忽若有所亡，出则不知所如往”，恍恍惚惚不可终日。只因为说了几句话而“遇遭此祸”，他那些乡亲们都耻笑他，说他污辱了祖先！他也自觉“亦何面目复上父母之丘墓乎?”他愧对死去的父母，每想到这些，就“汗未尝不发背沾衣也!”这种痛苦的心情，直到五六年后，在他写给朋友任安的信中，才尽情地倾吐。

受了腐刑以后，司马迁已不适宜再担任太史令，因为那是与管宗庙有关的官，身体“残缺”的人不适合担任。而汉武帝这边，李陵案已经过去，他心里明白李陵到最后是被他几次误会所逼反，这事件已没有必要再追究下去。如果他除了身为皇帝并且还具有普通人的良知的话，他就会连带地对司马迁感到一丝歉疚，何况司马迁的才能，他早就了解，因此，他又把司马迁从狱中调到自己的身边来工作。

宦官的得权，一般都认为要上溯到汉武帝时。他晚年大多在后宫决事，身边自然形成一个在宫内作为皇帝统治工具的集团（内廷），不过那个时候，还没有到由宦官一手包办的局面。汉武帝晚年既然喜欢在后宫“遥控”政府，则原来掌管“出纳王命”秘书工作的尚书，就有机会在中间掌握权力。

尚书的主管叫作尚书令，本来并不是由宦官，而是由士人担任，后来有时以宦者担任，就改称为“中书谒者令”，又称中书令。不管是尚书、中书或其他秘书性质的宫廷职位，都是由于皇帝在后宫逐渐给予的权力，等到权力和业务范围膨胀到与行政机关相同甚至还要大以后，则被推出内廷到外廷，成为正式的行政机构，皇帝又在宫内再另外建立内廷系统，后世行政系统的尚书、中书就是这样形成的。

司马迁被任命的新职务就是中书令，中书令俸禄千石，比太史令的六百石要高些，而且等于是皇帝的秘书长。所以《汉书·司马迁传》说他受刑以后是“尊宠任职”。当然，与后世担任这种职务的宦者比起来，他必定只是一个安分守己的秘书长，他本身的因素不论，一方面因为他只在过渡阶段，另一方面在汉武帝底下也不可能有掌权的机会。

司马迁所担任的中书令是不是汉武帝改尚书令为中书令后的第一任？《晋书·职官志》说：“尚书本汉承秦置，及汉武帝游宴后庭，始用宦者主中书，以司马迁为之中间，遂罢其官，以为中书之职。”

可是既然尚书令因为改由宦者担任才改称中书令，则在汉武帝眼中，司马迁已经是宦者了，不过这中间还有不少疑问存在。总之，司马迁受腐刑后，常常与宦官接触、共事，但后世实在不忍也不愿把他归入后世观念中的宦官之流——虽然他已符合“宦官”定义的一部分。

自从太初元年（前 104）司马迁执笔写《史记》以来，到李陵案发生而被关进监狱，《史记》的撰写已经进行了七年。接着在狱中的两三年期间，据说他也没有停顿，但心情已经全然改变了，并延续到写完为止。李陵案的余响在《史记》中，往往可以发现，司马迁所受的创伤也有了相当程度的反映。

第六篇　完成《史记》悄声隐退

一死一生，乃知交情；一贫一富，乃知交态；一贵一贱，交情乃见。

——司马迁

巫蛊之祸

从司马迁被任命为中书令以后，我们几乎已看不到有关他的生平记载了。除了汉武帝继续进行的巡游活动，他可能仍然护驾随行以外，我们仅见的一项资料，大概就只有他五十五岁时写给朋友的一封信了。这封信写得荡气回肠，极为感人，千古以来为人们所传颂，是研究司马迁所不可或缺的资料。信中有关他受刑以后心情的描绘，以及舍弃引刀一快而自愿接受腐刑以求活的动机的表白尤其可贵。

现代办报的人，讲“报人不上报”。司马迁写史本质上也有些像记者，大概也有点“史家不上史”的味道。关于他自己的事迹，反而没有详细地记载，任何蛛丝马迹都得仔细看看。这封信的部分内容在前面已引用多次，即《报任安（少卿）书》，录在《汉书·司马迁传》中，后来《昭明文选》也把它选了进去，唯字句间稍有不同，此处我们要了解的是写这封信的背景及分析他在信中所作的表白。

《报任安书》的背景就是巫蛊之祸。巫就是巫祝，自称能够与神相通，为人祈祷者。蛊的本意是蛊毒，造蛊的方法是把百虫放在一个器皿中，让它们自相残杀，最后战胜百虫独自存活下来的就是蛊。如果把蛊放在食物中，会使人昏狂失志，所以引申为“惑”的意思，巫者以巫术害人也叫蛊，巫蛊之祸的巫蛊，指的就是这种意思。其方法是埋木偶祭祀，咒诅所恨的人，使被诅咒的人倒霉，所以蛊也指埋木偶。这种巫术由来很久了，因巫蛊被杀的事情时有所闻，而以汉武帝时尤为猖獗，因为汉武帝最信鬼神，方士诸神巫之流大行其道，巫蛊害人之术自然兴盛起来。

汉武帝皇后陈阿娇

史上所称的“巫蛊之祸”，是指发生在征和二年（前 91）的这次皇室悲剧。早在公元前130年，即司马迁十六岁那年，就曾经发生陈皇后（汉武帝姑母嫖的女儿，第一任皇后）因巫蛊被废的案件，被杀的有三百人。而征和二年这次，死者前后将近二十万人，被害的主要人物是戾太子和他的母亲卫子夫。

这个悲剧发生的原因有三：

第一，事件发生前三年（前 94），钩弋夫人生皇子弗陵，即汉武帝崩后继位的昭帝。因为怀孕期长达十四个月，而汉武帝听说尧也是十四个月才出生的，于是就命其诞生的地方为“尧母门”。这个举动使奸人敏感地觉得汉武帝极疼爱这个幼子，可能会传位给他，于是萌生了危害戾太子和卫皇后的念头。

第二，汉武帝经常给戾太子参与决事的“实习”机会，父子两人的性格、作风完全不同，汉武帝严苛而太子宽厚。因此，群臣凡主宽厚者多依附太子；而秉承汉武帝的意思，实际执法的大臣都诽谤太子。自从卫青去世后，卫后母子失去了有力的保障，那些反对太子的人士，纷纷起了加害太子之心。

第三，当时有一个专门为汉武帝监视贵戚近臣的特务，名字叫江充，极受汉武帝宠爱，被任命为直指绣衣使者，他与戾太子有矛盾。因为汉武帝已经六十多岁了，恐怕将来要是由戾太子继位，就会对他不利，所以时时等待机会要害死太子。

在这三种情况下，戾太子的处境实在是非常危险！只要一有隙缝，他都可能被害。不幸这个时候由于汉武帝仍然在求神仙，一些方士女巫齐聚在长安，都用巫术迷惑众人。后宫本来是个充满了争宠妒忌的地方，女巫们很自然地被引入宫中，替那些美人后妃为蛊咒诅。演变到后来，就常有人到汉武帝面前告密，说某某人咒诅皇帝，汉武帝大怒，杀了涉嫌的数百人。但也从此疑神疑鬼，有一次白天睡觉也梦见有数千个木人，持杖来攻击他，于是身体感觉不适，整天恍恍惚惚变得容易健忘。

那个特务江充敏锐地觉得这是千载难逢的好机会，向汉武帝说他的病完全是巫蛊作祟，汉武帝就派他为使者，专门惩治为蛊者。这种事情要嫁祸于人实在是太简单了，在谁家挖到木偶，谁家就是蛊者，反正根本没有方法鉴定究竟是否是涉嫌者所埋。因此，只要有办法把木偶埋到预定的地方，要害谁就可以害谁。狡猾的江充先到民间大搞特搞，杀了数万人，再回过头来，把箭头指向宫中。结果很“准确”地在太子宫中挖得大批的木偶，他说：“太子宫中的木偶特别多，又有帛书，所言皆不道，当奏闻皇上!”太子最初仍保持镇定，自以为根本没有加害父王的理由，自信稍加解释就可以无罪。可是后来因为始终无法与在甘泉养病的汉武帝取得联系，太子觉得可疑，想亲自前往，又被江充逼得走投无路，最后只好听从少傅（太子的老师）石德的话，派人伪装为皇帝使者，搜捕江充，宣布汉武帝卧病甘泉，江充谋反而发兵，并亲自监斩江充。但汉武帝在甘泉误听江充同路人的报告，以为太子谋反了，于是令丞相发兵与太子交战，双方军队在城中混战五日，死伤了几万人，非常惨烈，结果太子被打败，最后与卫皇后都自杀了。

《报任安书》

司马迁的朋友任安，字少卿（李陵也是字少卿），早年在大将军卫青门下。当霍去病渐渐受到汉武帝的宠信，逐渐凌驾在卫青之上的时候，卫青的故人、门下都投靠霍去病去了，并因而获

老年时的司马迁画像

得官爵，只有任安不肯，仍然效命于卫青。

在巫蛊之祸的戾太子事件中，任安担任护北军使者，握有兵权，戾太子派人持节到他那里要求发兵助战，他受了节，但仍闭城门，不肯接应太子。

事件平息后，汉武帝赏赐了那些系捕太子的人，而把那些跟随太子和为太子助战的人都治以重罪。关于任安，汉武帝对他的做法认为还可以，没有责怪他。可是后来有人进言，说太子在“进则不得见上，退则困于乱臣”的情形下，不得已而“子盗父兵”，其实并无造反之心，加之这时汉武帝已经查清太子是冤枉的。于是，先前所做的处置，又要重新检讨，变成了与太子战、反太子的人全部有罪。江充虽死，仍被判夷三族，领兵与太子作战的丞相被腰斩，并建“思子宫”以表示深怜太子的冤屈。这是后来的事，而当汉武帝心理转变的时候，便对任安对待太子的态度产生了根本的怀疑，他认为任安是个典型的“老吏”（老油条），怪他不帮助太子，却坐持两端，准备看谁胜就依附谁，是怀有二心的，于是判处他死刑（腰斩）。

任安自认为自己是冤枉的，即使无功，也不致有过。在那种乱糟糟的局面中，太子仓促起兵，又没有皇帝状况的确实消息，他以不变应万变有何不可？

十二月就要行刑了，任安在狱中待刑的时候（征和二年，前91），他写信给现任的中书令，即经常可以见到皇帝的司马迁，请他设法援救。

司马迁接到这封信时，可以想到，他的心里是相当为难的。他了解汉武帝，自己就曾尝过汉武帝暴怒之下带给他的痛苦，他实在不愿意再遭到第二个“李陵之祸”。论交情，李陵与他“素非相善”，而任安则是老朋友，双方的家庭彼此都很熟悉。司马迁也非常明白汉武帝一心为太子报仇，任安的死刑，绝无平反的可能。他要把自己见死不救的苦衷，向老朋友说明，并请求他原谅。于是，在征和二年十一月，五十五岁的他写了一封长信给任安。

信的开头，他自称“太史公牛马走司马迁”，太史公是指他父亲司马谈，“走”是“仆”的意思，即：为太史公司马谈掌管牛马的仆人司马迁。这个谦称已经告诉世人，现在还活着的司马迁，完全是为了完成父亲遗命而苟活的司马迁，这是他的隐衷。

信的大部分内容都是讲自己遭到飞来横祸，而后受刑、忍辱

司马迁祠墓

的经过和体验，本书已经有多处引用。至于他不去受刑就死，也不引刀一快、慷慨而死，他的解释是：第一，如果当时就死去，则他的死，“若九牛亡一毛”，而且还会被认为“智穷罪极”死有应得。第二，当时就死，他无法对父亲的遗命有所交代。第三，父亲的遗命，深以“天下之史文”废而感到忧惧，这不只是私人的遗命，更是文化的使命。

既不能死，那要干什么呢？绝不能只是偷生，他要完成《史记》，以完成《史记》来完成父亲的遗命，并且要因《史记》而扬名天下，因扬名天下而洗刷受腐刑的耻辱，也符合父亲遗命中引述《孝经》的话：“扬名于后世，以显父母，此孝之大者。”

总之，父亲遗命是他受腐刑后的余生中赖以生存的精神支柱，而这个支柱的落实，就是全神贯注地去完成《史记》。这也等于告诉任安：现在的我，已不是单纯的我。我的生命就是《史记》的生命，我的一切就是《史记》的一切。二者已经合为一体，已不是原来的我所能自主。为你“推贤进士”（司马迁回信中，用以隐指任安来信求援之事的暗语），我很可能会因而丧命，虽然，我可以为老朋友死，《史记》却不可以为你而牺牲！

任安最终被腰斩了，司马迁也在感叹中度完他的余生。前有李少卿（李陵），后有任少卿（任安），都在他生命中激起很大的涟漪。显然前者是狂风暴雨式的，而后者只是前者的余波，它看来平静而且清澈见底。

龙门结语

写完《报任安书》后不久，司马迁完成了《史记》。然而，对我们后世而言，他是无声无息地离开这个世界的，什么时候、在什么地方、以什么方式离开的，没有人知道。也许，《史记》既已完成，则他的有形生命的存在，已经无关紧要了。也许因为这样，所以他急着去向他的父亲报命——他“提前”离开了，是很有可能的。

那位几乎与他的生命相始终的超级帝王汉武帝，在戾太子事件之后四年崩逝，享年七十岁。临死以前，他作了极理智的决定和安排。他自责从即位以来，行为狂悖，使天下愁苦，他非常后悔，下诏宣布：“自今，事有伤害百姓，糜费天下者，悉罢之。”求神仙的把戏，他也玩腻了。他把方士全部遣散，并册立钩弋夫人所生的弗陵为太子，但事先赐钩弋夫人死，以免主少母壮，再

司马迁衣冠冢

发生另一个吕后之祸。即使说这样做太残忍，可这也算是他一生中，一次比较有道理的残忍。

司马迁恨汉武帝吗？答案应该是肯定的，因为他也是人。不过，他能化悲愤为力量，他在《史记·太史公自序》中，先是高呼受刑后“身毁不用矣”，然后列举周文王、孔子、屈原、左丘明、孙膑、吕不韦、韩非等人的例子，认为他们的著述成就都是“意有所郁结，不得通其道也，故述往事，思来者”，也就是由苦闷发泄出来的力量所致。又说《诗经》三百篇是“大抵贤圣发愤之所为作也”。

那么，司马迁有没有因而诽谤汉武帝、诽谤汉朝、诽谤他的时代？所谓诽谤是根本没有这回事而捏造以加诬于人。就这个定义来看，司马迁其实并没有这个嫌疑。只是，他的愤恨，使他对事物认识的视角和见于或隐于文字之间的批判，难免加上情绪化的个人色彩。

至于他个人的悲惨境遇，若由本书一开始所说的，从其出生地“龙门”所代表的意义，一路发展下来，然后来看这个悲剧，您是否会发现，那不过是几个可能“或然”累积而成的“必然”结果？

《三秦记》：“江海鱼集龙门下，登者化龙，不登者点额暴腮。”

最后，司马迁算不算是“登者”呢？我想是的，他“登”得很辛苦，而且差一点就“点额暴腮”了！

背景知识

《史记》

《史记》是中国历史上第一部纪传体通史，作者是西汉时期的司马迁。史记全书共一百三十篇，分为“本纪”“书”“表”“世家”“列传”五大部分。《史记》约成书于公元前104年至公元前91年，本来是没有书名的，司马迁完成这部巨著后曾给当时的大学者东方朔看过，东方朔非常钦佩，就在书上加了“太史公”三字。“太史”是司马迁的官职，“公”是美称，“太史公”也只表明是谁的著作而已。班固的《汉书·艺文志》在著录这部书时，改名为《太史公百三十篇》，后人则又简化成《太史公记》《太史公书》《太史公传》。《史记》最初没有固定书名，一般称为《太史公书》，或称《太史公记》，也省称《太史公》。《史记》本来是古代史书的通称，从三国开始，《史记》由通称逐渐成为《太史公书》的专名。近人梁启超称赞这部巨著是“千古之绝作”（《论中国学术思想变迁之大势》）。鲁迅誉之为“史家之绝唱，无韵之《离骚》”（《汉文学史纲》）。

司马迁的父亲司马谈任太史令，写古今通史的愿望没有实现，临终要司马迁完成其夙愿。后来，司马迁继任父亲太史令之职，开始写《史记》，十多年后，终于完成。

司马迁著《史记》，其史学观念在于“究天人之际，通古今之变，成一家之言”。司马迁探求的天人之际，并非承认天的神秘力量，反而重视天人之间关系的演变，从而了解“古今之变”的关键，探求出历史动态发展变化的层面，最终成“一家之言”。而他的撰述动机，主要有以下三方面：

一、司马迁为了继承其父司马谈编订史书的遗志，完成撰述《史记》的宏愿。司马氏世代为太史，为继承孔子撰述《春秋》的精神，整理和论述上代历史。《隋书·经籍志》说：“谈乃据《左氏春秋》《国语》《世本》《战国策》《楚汉春秋》，接其后事，成一家之言。”可见司马谈有意继续编订《春秋》以后的史事。汉武帝元封元年，武帝进行封禅大典，司马谈身为太史令，却无缘参与当世盛事，引为终生之憾，忧愤而死。他死前将遗志嘱咐儿子司马迁说：“今天子接千岁之统，封泰山，而余不得从行，是命也夫！余死，汝必为太史，无忘吾所欲论著矣……”司马迁则回答道：“小子不敏，请悉论先人所次旧闻。”可知司马迁乃秉承父亲的遗志完成史著。而《史记》以《封禅书》为其八书之一，即见其秉先父之意。

二、司马迁想继承《春秋》精神。司马迁在《史记·太史公自序》中说：“先人有言，自周公卒，五百岁而有孔子，孔子卒后，至于今五百岁，有能绍明世，正《易传》、继《春秋》、本《诗》《书》《礼》《乐》之际，意在斯乎？意在斯乎？小子何敢让焉?”此正暗示其有明道义，显扬志业人物的使命。《春秋》的下限，到鲁哀公获麟之年，此后的史事就没有完整的史籍记载。司马迁是绍继《春秋》，并以汉武帝元狩元年“获麟”及太初元年改历下限，撰写史记。然而，司马迁继承《春秋》，不仅是要形式上承继周公以来的道统，而且是重视《春秋》的性质，他在《史记·太史公自序》中说：“夫《春秋》，上明三王之道，下辨人事之纪，别嫌疑，明是非，定犹豫，善善恶恶，贤贤贱不肖，存亡国，继绝世，补敝起废，王道之大者也……《春秋》以道义，拨乱世，反之正，莫近于《春秋》。”可见司马迁对“春秋之义”和“春秋笔法”心仪已久，这是他要承孔子的真意、秉承《春秋》褒贬精神，撰述《史记》。

三、司马迁要肩负史家职责。据《后汉书·百官志》载，“太史令”只是俸禄六百石的小官，职责仅在于管理图籍，掌管星象天文，最多也只是记录上代及当代事情，并无著述的责任。然而，司马谈和司马迁明显不满足于“拾遗补阙”。司马谈早有整理上代历史的计划，可惜却“发愤而卒”，临终前叮嘱司马迁，认为“自获麟以来，史记放绝。今汉兴，海内一统，明主、贤君、忠臣、死义之士”甚多，身为太史令，有完成论载上代历史的任务。司马迁在《史记·太史公自序》也指出身为太史的职责说：“且余尝掌其官，废明圣盛德不载，灭功臣、世家、贤大夫之不述，隳先人之言，罪莫大焉。”因此，司马迁一心秉承先人世传及“述往事以思来者”的责任感，决意撰述《史记》。在《报任安书》中亦透露著述《史记》的目的，他说：“凡百三十篇，亦欲以究天人之际，通古今之变，成一家之言。”可见他不但要完成太史令的责任，更要尽史学家的职责。

《史记》是一部通史，此书记事始于传说中的黄帝时期，一直写到汉武帝元狩元年，叙述了中国古代三千年左右的历史。

全书略于先秦，详于秦汉，所述秦商鞅变法至汉武帝晚年的历史，约占全书篇幅的五分之三左右。

按司马迁所说，编写的宗旨是“究天人之际，通古今之变，成一家之言”。“究天人之际”是探究天道和人事的关系，作者批判了原来的“神意天命论”，提出了“帝王中心论”。“通古今之变”，即探究历史的发展实况及其规律。

《史记》参考了众多典籍，如《左传》《国语》《世本》《战国策》《楚汉春秋》和诸子百家等，同时参考档案、民间古文书籍。他还亲自采访，进行实地调查，然后对材料精心选择使用，治学态度异常严谨。

汉代之前的历史著作在内容、史事、材料、作者编撰水平上都无法和《史记》相比。可以说，《史记》是中国古代第一部通史，不但规模巨大、体系完备，而且对此后的纪传体史书影响很深，历朝正史基本都用这种体裁撰写。同时，书中的文字生动性，叙事的形象性也是成就最高的，鲁迅先生对《史记》的评价也很高。

司马迁在汉武帝年代担任了太史公，太史公是崇天迷信的汉武帝设立的。集解如淳曰："汉仪注太史公，武帝置，位在丞相上。天下计书先上太史公，副上丞相，序事如古春秋。迁死后，宣帝以其官为令，行太史公文书而已。"《汉旧仪》《西京杂记》等记载了直到汉宣帝的时候，太史公这个官职才改为太史令，不再让司马迁的子孙担任。

司马迁去世之后，《史记》并没有立刻流传，被人重视。到汉宣帝时，司马迁的外孙等人开始把《史记》部分内容流传，西汉政府把《史记》正副本都作为宫廷秘籍收藏，阻止该书内容外传，即使诸侯东平王要求朝廷赐书都遭到拒绝，直到东汉才开始流传，但到东汉时已经有了残缺。

注释方面，南朝的裴骃著有《史记集解》，是现存最早的旧注本，唐朝司马贞撰写《史记索隐》，有很多新见地，唐朝的张守节用毕生精力写成《史记正义》，成就较高。

该书现存早期的版本之一是南宋黄善夫家塾刻本，被公认为善本，经商务印书馆影印收入百衲本《二十四史》，明朝的《二十一史》本、清朝武英殿刻《二十四史》本参考价值也都很高。清朝同治年间有金陵书局的刻本。1959 年中华书局所出标点校勘本，在总结前人研究成果的基础上，对《史记》重新作了校点。

“本纪”实际上就是帝王的传记，因为帝王是统理国家大事的最高的首脑，为他们作纪传而名之曰“本纪”，以显示天下本统之所在，使官民行事都有一定的纲纪。同时，也是全书的总纲，是用编年体的方法记事的。在“本纪”的写作中，司马迁采取了详今略远的办法，时代愈远愈略，愈近愈详。“本纪”托始黄帝，是因为黄帝是中华民族的始祖，又是“正名百物”的祖师。将项羽列入“本纪”，一是秦汉间几年“政由羽出”，一是推崇其人格。

“书”，是记载历代朝章国典，以明古今制度沿革的专章，非是熟悉掌故的史家，是无法撰写成书的。班固《汉书》改称“志”，成为通例。“书”的修撰，为研究各种专门史提供了丰富的资料。

“世家”是记载诸侯王国之事的。因诸侯开国承家，子孙世袭，也就叫作他们的传记作世家。从西周的大封建开始，发展到春秋、战国，各诸侯国先后称霸称雄，盛极一时，用“世家”体裁记述这一情况，是非常妥当的。司马迁把孔子和陈涉也列入“世家”，是一种例外。孔子虽非王侯，但却是传承三代文化的宗主，更何况汉武帝时儒学独尊，孔子是儒学的创始人，将之列入“世家”也反映了思想领域的现实情况。至于陈涉，不但是首先起义亡秦的领导者，且是三代以来以平民起兵而反残暴统治的第一人，而亡秦的侯王又多是他建置的。司马迁将之列入“世家”，把他的功业和商汤放桀，武王伐纣，孔子作《春秋》相比，将他写成为震撼暴秦帝国统治、叱咤风云的伟大历史英雄，反映了作者进步的历史观。

“列传”是记载帝王、诸侯以外的各种历史人物的。有单传，有合传，有类传。单传是一人一传，如《商君列传》《李斯列传》等。合传是记二人以上的，如《管晏列传》《老庄申韩列传》等。类传是以类相从，把同一类人物的活动，归到一个传内，如《儒林列传》《循吏列传》《刺客列传》等。司马迁把当时我国四周少数民族的历史情况，也用类传的形式记载下来，如《匈奴列传》《朝鲜列传》《大宛列传》等，这就为研究我国古代少数民族的历史，提供了重要的史料来源。

据司马迁说，《史记》有“本纪”十二篇，“表”十篇，“书”八篇，“世家”三十篇，“列传”七十篇，共一百三十篇。班固在《汉书·司马迁传》中提到《史记》缺少十篇。三国魏张晏指出这十篇是《景帝本纪》《武帝本纪》《礼书》《乐书》《律书》《汉兴以来将相年表》《日者列传》《三王世家》《龟策列传》《傅靳蒯列传》。今本《史记》也是一百三十篇，有少数篇章显然不是司马迁的手笔，汉元帝、成帝时的博士褚少孙补写过《史记》，今本《史记》中“褚先生曰”就是他的补作。其中《武帝纪》《三王世家》《龟策列传》和《日者列传》四篇由汉博士褚少孙补缺。《汉书·艺文志》载冯商续补《太史公》七篇，韦昭注云冯商“受诏续《太史公书》十余篇”，刘知几认为续补《史记》的不只是褚、冯两家，而有十五家之多。“《史记》所出，年止太初，其后刘向，向子欲，及诸好事者，若冯商、卫衡、扬雄、史岑、梁审、肆仁、晋冯、段肃、金丹、冯衍、韦融、萧奋、刘恂等相继撰续，迄于哀平间，尤名《史记》。”后人大多数不同意张晏的说法，但《史记》残缺是确凿无疑的。《史记》以后的历代正史，除极个别例外，都是由朝廷主持、按照君主的意志修撰的，是名副其实的官史。而司马迁虽然是朝廷的史官，《史记》却并不体现最高统治者汉武帝的意志。司马迁写《史记》秉笔直书，在某些方面，敢于批评朝廷，这是封建统治者所不能允许的。朝廷对《史记》既憎之，又重之，秘不示人，阅读范围限制于朝廷上层的极少一部分人。朝廷曾下诏删节和续补《史记》。《后汉书·杨终传》云，杨终“受诏删《太史公书》为十余万言”。被删后仅十余万言的《史记》，在汉以后即失传，以后一直流传的是经续补的《史记》。

这部体大思精的史书的贡献和特点主要有这样几个方面：

一、开创了“纪传体”体例。何谓纪传体呢？纪，指本纪，即皇帝的传记；传，指列传，是一般大臣和各式人物的传记。历史人物是丰富多彩的，历史现象是纷纭复杂的。怎样才能把大千世界的各种人和事都包容在一部书里呢？司马迁在前人的基础上，在《史记》中以本纪、表、书、世家、列传五体结构，创造性地探索了以人物为主体的历史编纂学方法。“本纪”按年代顺序记叙帝王的言行和政迹，“表”按年代谱列各个时期的重大事件，“书”记录了各种典章制度的沿革，“世家”载述诸侯国的兴衰和杰出人物的业绩，“列传”记载各种代表人物的活动。司马迁创造性地把这五种体裁综合起来，形成一个完整的统一体系。

二、《史记》开创了政治、经济、民族、文化等各种知识的综合纂史方法。从传说中的黄帝开始，一直写到汉武帝时期，记载了我国近三千年的历史。是我国第一部规模宏大、贯通古今、内容广博的百科全书式的通史。在《史记》中，司马迁第一个为经济史作传：《平准书》《货殖列传》；司马迁又第一个为少数民族立传：《匈奴列传》《西南夷列传》等；他还第一个为卑微者列传：《刺客列传》《游侠列传》等。《史记》第一次把政治、经济、文化各个方面都包容在历史学的研究范围之内，从而开拓了历史学研究的新领域，推动了我国历史学的发展。由于纪传体可以容纳广泛的内容，有一定的灵活性，又能反映出封建的等级关系，因而这种撰史方法，为历代史家所采用，影响十分深远。

三、秉笔直书，是我国宝贵的史学传统，司马迁的《史记》对此有很好地发挥。所谓秉笔直书，就是史学家必须忠于历史史实，既不溢美，也不苛求，按照历史的本来面貌撰写历史。《史记》明确表示反对那种“誉者或过其失，毁者或损其真”的作法。项羽是司马迁心目中的英雄，因此，司马迁以极大的热情和强烈的爱记述了项羽的伟业。但对于项羽的骄傲自大和企图以武力征服天下的致命弱点，司马迁也进行了深刻地批判。对于先秦的法家和秦代的暴政，从感情上司马迁是愤恨的，但他做到了“不因憎而增其恶”。相反，对法家的改革和秦代统一中国的历史作用，他都予以充分地肯定。正因为司马迁的实录精神，才使《史记》以信史闻名于世。《史记》还贯穿一条重要线索，即重视人的历史作用。司马迁是反天命的，强调人是历史的中心。因此，他在写帝王将相的同时，注意为社会上的各种人物立传，尤其是把农民起义的领袖陈胜、吴广，放到与王侯功臣以及封建社会的圣人孔子同等的地位来写。所以在《史记》中，既有战国七雄的世家、萧丞相（萧何）世家、留侯（张良）的世家、孔子的世家，同时也有《陈涉世家》。司马迁也很重视物质生产活动在历史上的作用，把经济状况同政治上的治乱兴衰紧密地联系在一起。他还强调总结历史经验，提出以史为镜、鉴往知来的思想。由于司马迁在历史编纂学上的伟大创造精神，他进步的史学思想和严谨的治史方法，使《史记》成为我国史学史上一座巍峨的丰碑，司马迁也赢得了“中国史学之父”的美名。

《史记》的诞生，就中国史学的具体发展而言，贡献巨大。

第一，建立杰出的通史体裁。《史记》是中国史学史上第一部贯通古今，网罗百代的通史名著。无论说它是古代中国史学史的最辉煌成就，还是说它是世界古代史学史的最辉煌成就，都毫不为过。这一点，只要将之与希罗多德的《历史》相比较，就会非常明白。正因为《史记》能够会通古今撰成一书，开启先例，树立了榜样，于是仿效这种体裁而修史的也就相继而起了。通史家风，一直影响着近现代的史学研究与写作。

第二，建立了史学独立地位。我国古代，史学是包含在经学范围之内没有自己的独立地位的。所以史部之书在刘歆的《七略》和班固的《艺文志》里，都是附在《春秋》的后面。自从司马迁修成《史记》以后，作者继起，专门的史学著作越来越多。于是，晋朝荀勖适应新的要求，才把历代的典籍分为四部：甲部记六艺小学，乙部记诸子兵术，丙部记史记皇览，丁部记诗赋图赞。从而，史学一门，在中国学术领域里才取得了独立地位。饮水思源，这一功绩应该归于司马迁和他的《史记》。

第三，建立了史传文学传统。司马迁的文学修养深厚，其艺术手段特别高妙。往往某种极其复杂的事实，他都措置得非常妥贴，秩序井然，再加以视线远，见识高，文字生动，笔力洗练，感情充沛，信手写来，莫不词气纵横，形象明快，使人“惊呼击节，不自知其所以然”。

附　录

司马迁年表

公元前 145 年（汉景帝中元五年），司马迁生于龙门。

公元前 127 年（汉武帝元朔二年），十九岁，从夏阳迁居长安，师从孔安国学《尚书》，师从董仲舒学《春秋》。

公元前 126 年（汉武帝元朔三年），二十岁，游历各地，历时数年，为协助父亲著史做准备。

公元前 124 年（汉武帝元朔五年），二十二岁，回到长安。

公元前 123 年（汉武帝元朔六年），二十三岁，以考试成绩优异，为郎中，即皇帝的侍卫官。

公元前 122 年（汉武帝元狩元年），二十四岁，侍从武帝巡视到雍，祭祀五帝，获白麟。

公元前 119 年（汉武帝元狩五年），二十八岁，为郎中。以郎中身份侍从汉武帝游鼎湖，到甘泉（今陕西淳化县境内）。

公元前 113 年（汉武帝元鼎四年），三十三岁，随汉武帝祭祀五帝到雍（今陕西凤翔县），到河东（今山西夏县东北）。

公元前 112 年（汉武帝元鼎五年），三十四岁，为郎中。侍从汉武帝巡行到西北的扶风、平凉、崆峒。

公元前 111 年（汉武帝元鼎六年），三十五岁，受命为郎中将以皇帝特使身份奉使西征巴蜀以南，到达邛（今四川西昌一带）、昆明（今云南曲靖一带），安抚西南少数民族，设置五郡。

公元前 110 年（汉武帝元封元年），三十六岁，其父司马谈去世，临终嘱司马迁继孔子而续《春秋》，写《史记》。

公元前 109 年（汉武帝元封二年），三十七岁，随汉武帝到缑氏（今河南偃师），又到东莱，并与群臣从官负薪堵塞黄河决口。

公元前 108 年（汉武帝元封三年），三十八岁，继父职任太史令。

公元前 107 年（汉武帝元封四年），三十九岁，随汉武帝到雍地，祭祀五帝。

公元前 106 年（汉武帝元封五年），四十岁，随武帝到南郡盛唐（在庐江），随后从寻阳（今湖北黄梅县西南）过长江，登庐山，北到琅琊（今山东诸城）等地。

公元前 104 年（汉武帝太初元年），四十二岁，倡议并与上大夫壶遂等制定《太初历》，冬十月司马迁随武帝祭泰山，开始著述《史记》。

公元前 99 年（汉武帝天汉二年），四十七岁，随汉武帝到河东，祭祀后土。11 月，李陵战败，被匈奴俘虏，司马迁因替李陵讲公道话，而被捕入狱，判处死刑。

公元前 98 年（汉武帝天汉三年），四十八岁，李陵被灭族。司马迁为著作《史记》而忍辱苟活，遭宫刑。

公元前 97 年（汉武帝天汉四年），四十九岁，被无罪释放，任中书令，发愤续著《史记》。

公元前 91 年（汉武帝征和二年），五十五岁，写《报任安书》并完成《史记》。

公元前 90 年（汉武帝征和三年），五十六岁，大概在这一年去世。